にほんの行事と四季のしつらい

ビジュアル版・くらし歳時記12か月

広田千悦子
日本の行事・歳時記研究家

広田行正　写真

世界文化社

はじめに

ものがたりのある しつらいを

広田千悦子

一年を通じて、めぐる季節や人生の節目に行事を行い、
お供えをし、花を挿れ、日々に祈る――。
日本人の一生は、季節に包まれていました。

そして今も多くの人が、
年のはじまりには、初詣に出かけ、
神棚や仏壇に手を合わせ、
年忌法要を行うことに表れているように
無意識のうちに、祈る姿があります。
日本人の信仰は、日々の中に織り込まれているのです。

また、日本の行事や季節の楽しみは、
気の遠くなるような長い時を経て、
暮らしの中で息づいてきたものです。
風を詠み、月を仰ぎ、草木に見立て、
想像力をふくらませ、日々に祈る――。

クリエイティブに生きてきた古《いにしえ》の時代をふまえ、
今までもそうだったように、
文化や社会の流れに合わせて
日本の行事をアップデートする。
かつてないほど大きな変化を迎えて
社会の多様さや、新しい家のかたち、
そして一人一人の暮らしに寄り添うものが
今、求められているのではないかと思います。

また、新しいことばかりでなく
時代や地域、国による違い、境界線を越えて、
重ねてきた古《いにしえ》の習わしや、
古典から得られる知識や発想に触れ、
日々の参考にすることで、心はふくらみを見せます。
この本に出てくるしつらいは、古いもの、そして
古い由縁を参考にしたもの、と様々ですが、
数多くある各地の行事のほんの一部になります。

実際の暮らしの中で
自分らしく生活に取り入れたり、感性を広げ、
幅広く楽しんでいただくために。
その一助となれば幸いに思います。

目次

にほんの行事と四季のしつらい

睦月《むつき》
一月

小寒
大寒

元日
蓬莱
投扇興
獅子舞
宝船
初富士
若水
四方拝《しほうはい》
年玉
若菜
寒の水
恵方詣り
寒灸
寒雀
松過《まつすぎ》
冴ゆる

精《せい》麻《ま》のしめ縄

神事に使う精麻をたっぷりと用い、前垂れのしめ飾りに。精麻は照りのよい上質なものを。奉書の紙垂(しで)を下げ、赤米の新穀の稲穂を添えて。

正《しょう》月《がつ》

【一月一日〜】

お正月は、一年のはじまり、要の行事です。現代のお正月の期間は、三が日や松の内の七日間程で、長くても一月十五日の小正月までの間が多いでしょう。昔は十二月十三日頃からしたくがはじまり、約二ヶ月間ぐらいでしたから、今よりも長くゆるやかに続くものでした。お正月にやってくる神さまには、様々な呼び名があり、年神さま、歳神、歳徳神、正月さま、若年さんなどいろいろです。訪れるのは、農耕の神であったり、みたまと呼ばれるご先祖さまや祖霊と考えられていました。ご先祖さまといえばお盆ですが、お盆のほうは仏教と習合し、お正月はおめでたい日としての趣を強くしたことから、元々は同じような意味を持つ行事でしたが、それぞれに役割が分かれました。有名な神社に出かける初詣は、比較的新しい習慣です。古くは年取りの御膳を囲み、一緒に年を取り、家にこもって一夜を明かし、新年を迎えました。

祝い箸

正月の膳や祝儀に使う箸。両口箸とも呼ばれ、真ん中が太く両側が細くなっている。一方は家の内外の神々に、もう一方は人間のために。紅白の奉書で両端の開いた箸袋に。

炭飾り

菊炭を積み重ね、奉書で包み、精麻でまとめる。菊炭は茶の湯に用いる輪切りにした櫟(くぬぎ)の炭。切り口が美しい菊を思わせる文様になった縁起もの。

三宝に炭飾り

邪気を払い、場を清浄に保つ菊炭を精麻で結ぶ。頂には常緑の枝を入れ、災いを除ける呪力のある赤い実を添えて。写真は蝦夷松、南天。

寿《ことぶき》松《まつ》の根《ね》曳《び》き

根のついためでたい寿松を門松に。根ごと引き抜いた松を使うのは、正月はじめの十二支の「子」の日が由来。野に出て小さな松を引き抜き、長い寿命のある松のように長生きできますようにと願いを込めて。

門《かど》松《まつ》

山から松迎えをし、一本か二本、あるいは複数合わせて立てるなどして飾ります。縁起物を添えたり、しめ縄をかけたり。玄関だけに限らず、家の中や庭にも立てます。祝い松、飾り松、拝み松、門神柱など呼び名も様々です。現在は同じ形をした松枝を対にして飾るのが一般的です。門松は年神さまなどが訪れるための依代《よりしろ》で、今は松が多くなりましたが、楤《たら》の木、椿、楢《なら》、柳、栗、樒《しきみ》、竹などの場合もあり、一本、または複数合わせる場合もあり、その土地や家により、多様なかたちがあります。

しめ飾り

お正月を祝い、悪いものが入らないように玄関や入り口などに下げるもの。神聖な場所とそうでない場所を区別する境界線。禍神《まがかみ》を家に入れぬようにする役割もあります。標縄、注連縄、七五三縄などと表すことも。素材は藁《わら》や真《ま》菰《こも》、茅《かや》など、左《ひだり》綯《な》いでつくられているものが多く見られますが、三つ編み、右綯いのものなど、多様なかたちがあります。紙垂、裏《うら》白《じろ》、ゆずり葉、南天の実、松など、添える縁起物も豊富。お正月だけに限らず、横綱のまわし、町の境界線、神木、神社など、様々なところに用います。

鶴しめ縄

千年生きる霊鳥、鶴を象るしめ縄に。大きく広げた翼に稲穂やゆずり葉など縁起のよいものを添えて。

鳥しめ縄

各地の鳥、酉年のしめ飾りをモチーフに。足をつけ、尾と嘴(くちばし)に表情をつけて。縁起を担ぐ意匠として。

伊勢のしめ縄

伊勢地方のしめ縄をモチーフに。正月だけでなく一年中飾っても。榁の葉や、千両、橙をあしらい、先祖代々、長く子孫が繁栄しますようにと願いを込めて。前垂れというしめ縄の結びに。

◆藁を綯う方向

しめ縄を左綯いにするのは、普段使いの右綯いの縄と区別したもの。古くは『日本書紀』に端出之縄（しめ縄）の別名を左縄と記しています。ただし各地のしめ縄の中には右綯いのものもあって全国一つの形に統一されていないことに、むしろ日本の行事らしさが現れています。

年木《としぎ》

年木はお正月に使う木の総称でした。次第に移り変わり、新年に使う燃料、すなわち薪をお供物にすることを指すようになりました。前年度のうちに山などに入り、用意するものでしたが、現在は薪を扱う材木屋さんなどにお願いします。薪を重ねたり束ねたりしたところに添えるのは、松などの常緑の枝や、餅花など

など。しめ縄をかけてもよいでしょう。その土地、その家などにより工夫を凝らします。また、節木《せちぎ》、新木、幸木《さいぎ》などと呼ばれることもあり、木の種類も松、椎、椨《たぶ》などなどその土地のものを使いました。庭先に丁寧に積み上げたり、門松の根元に立て掛けて、年神さまへのお供えものにします。

年木

門松や松飾りなどの源流。邪気を払う力があるといわれている。薪を束ね、根付きの松を立てて。

年玉

紅の奉書や半紙を用い、年玉を祝儀包みに。一年を豊かに暮らすための力を授かる。

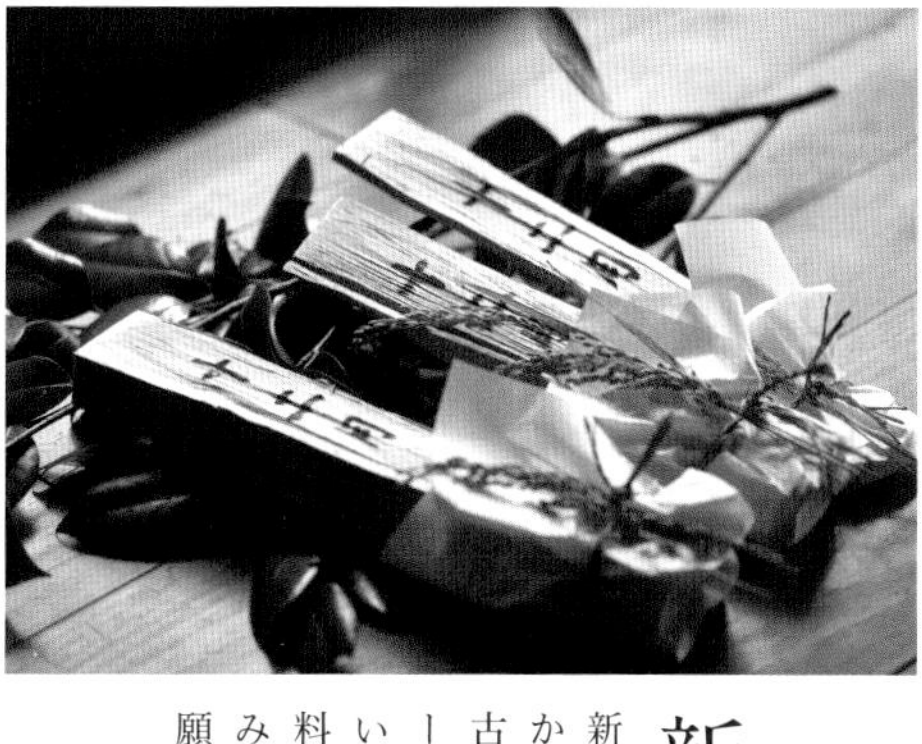

新木

新しい一年、十二か月を祈るための古い習わしをモチーフに。生活していく上で大事な燃料であった薪を包み、豊かな新年を願う。

屠《と》蘇《そ》

お屠蘇は、年始の折にいただく薬酒です。前の晩や数時間前から、本みりんやお酒に屠蘇散を浸していただいたり、清酒、御神酒をお屠蘇としていただく家も。元日御薬と呼ばれ、年少の人から先に年齢順に東を向いて飲むなどの決まりごとも見られます。屠蘇散の内容は、肉《にっ》桂《けい》、山椒、白朮《びゃくじゅつ》、桔《き》梗《きょう》、防風などの生薬で、延命長寿を願うもの。家や販売している薬屋さんにより独自の配合があるものでした。

我が家の屠蘇

江戸時代は医者がお歳暮として贈る慣習があり、医者や家により生薬の種類や配合は違うものだった。我が家では菊花、枸杞(くこ)、陳皮、紅花などを浸し、香りのよい屠蘇に。家族や親しい人の体調を考えて。

若《わか》水《みず》

元日の朝、はじめて汲む水のこと。若水を汲みに行くことを「若水迎え」といいます。「汲む」のは井戸を使っていたからこそ。まだ暗いうちに出かけ「こがねの水を汲みます」などことばを唱えました。新しい一年の邪気を払い、福を招く力や、若返りの効果もあるとされた若水を井戸はなくともいただくために、蛇口に若水飾りやお供えをして。楽に美味しい水をいただけることに、あらためて感謝を込めて味わいたいと思います。

若水飾り

茶道具の水張桶に水を張る。若水飾りとして冬の隈笹（くまざさ）、南天の実など縁起のよい植物を添えて。

晩菊の若水

冬に咲き残る野菊を若水飾りに。寒さに耐えて咲く、小さな花の底力を若水と合わせて。

鏡餅

裏表のない素直な気持ちを示す裏白(うらじろ)の葉を土台に。霊力が宿るとされる、大小丸餅を重ねる。頂には橙を乗せ、大切なことが代々続きますよう願いを込めて。

鏡餅《かがみもち》

【一月十一日等】

お正月の神さまへのお供えの一つ。丸い鏡餅は、呪力を持つ古来の円盤状の鏡を模したもの。現在は、丸い形が一般的ですが、長四角の餅を積んだり、紅白だったり様々です。三宝や半紙にのせ、干し柿や橙、昆布、裏白、しめ縄、ゆずり葉、かち栗、伊勢海老などを飾り添えます。お供えしたあとは、鏡開きの日に下ろし、皆で分け合いいただきます。日にちは一般的にいわれている十一日に限るわけではなく、やはり地域や家により異なるものでした。

鏡開きの直会《なおらい》

鏡開きをした餅は、汁粉や雑煮などにして。乾燥していることが多いので、手で割ることができる場合も多い。油で揚げてかき餅にして、塩をふる。お供えしたものを下げていただく祭りをお下がり、直会と呼び、神さまと一緒にいただいて力を授かる意味がある。

初夢《はつゆめ》【一月一日、二日頃】

古くは日本は占いの盛んな国でした。初夢も「夢占」という占いの一つです。縁起のよい夢を見ることができるようにと、室町時代には、宝船を描いた絵や「ながきよの　とおのねぶりの　みなめざめ　なみのりふねの　おとのよきかな」など、上から読んでも下から読んでも同じに読める回文の歌を枕の下に入れました。

悪い夢を見た場合は枕絵を川に流したり、夢を食べるという生き物「貘《ばく》」の絵や文字を使って夢《ゆめ》違《たが》えをしました。

宝船の切り紙

切り紙は正月の縁起物。宝船や七福神、鶴、鯛など様々な文様のものがあり、神棚などに下げて。下げ紙、八丁紙、飾り紙などの名がある。

万両

千両とともに、正月の縁起のいい花としての万両を瓶子(へいじ)に入れて。すっと伸びた茎と紅の実は依代を思わせる。

七《なな》草《くさ》若《わか》菜《な》摘《つ》み

【一月七日頃】

春の七草を摘んで、七草粥にしていただきます。セリ、ナズナ、ゴギョウ、ハコベラ、ホトケノザ、スズナ、スズシロが七草とされていますが、旧暦での日付によるものです。お店では栽培されたものが並びますが、自然のものは新暦ではまだ早く、見つけられないことが多いのです。また、時代や地域によって、摘み草できる若菜は異なりますから、新暦の日付で採れるその土地の若菜を探してみるとよいでしょう。七種類の摘み草を食べて邪気を除ける習わしは、中国から伝わったものです。厳しい冬の時代を乗り越えて、寒さの中、蓄えた力にあやかり、若芽を摘んだり、旬のものをお店で見繕うのもよいでしょう。無病息災や長寿を願いながら軽めの粥にしていただくのがおすすめです。

秋谷七草

自宅の庭と畑で摘み草をして我が家風七草として。

(上)左上から右回りに。小蕪、三つ葉、蒲公英(たんぽぽ)、明日葉、母子草、はこべ、野蒜(のびる)。

(左)左上から右回りに。はこべ、蒲公英、蓬、三つ葉、南天萩、明日葉、野蒜

小《こ》正《しょう》月《がつ》

【一月十五日頃】

現在、小正月というと、お正月の後祭りのような印象を持つ人が多いかもしれません。お正月飾りや門松を、どんと焼きや左《さ》義長《ぎちょう》などと呼ばれる火祭りでお焚き上げをします。しかもその煙にのってお正月の神さまは帰っていくといわれていますから、やはりお正月のお開きのような印象です。ところが小正月の行事は、正月の行事以上に多様な種類が見られます。旧暦の一月十五日は望月ですから、昔のお正月とは小正月だったのではないかという説もあります。餅花などの華やかな飾り、そして火祭りに小豆粥。なまはげのように鬼の姿に扮した若者が家々を訪れる習わしが残るところもあります。

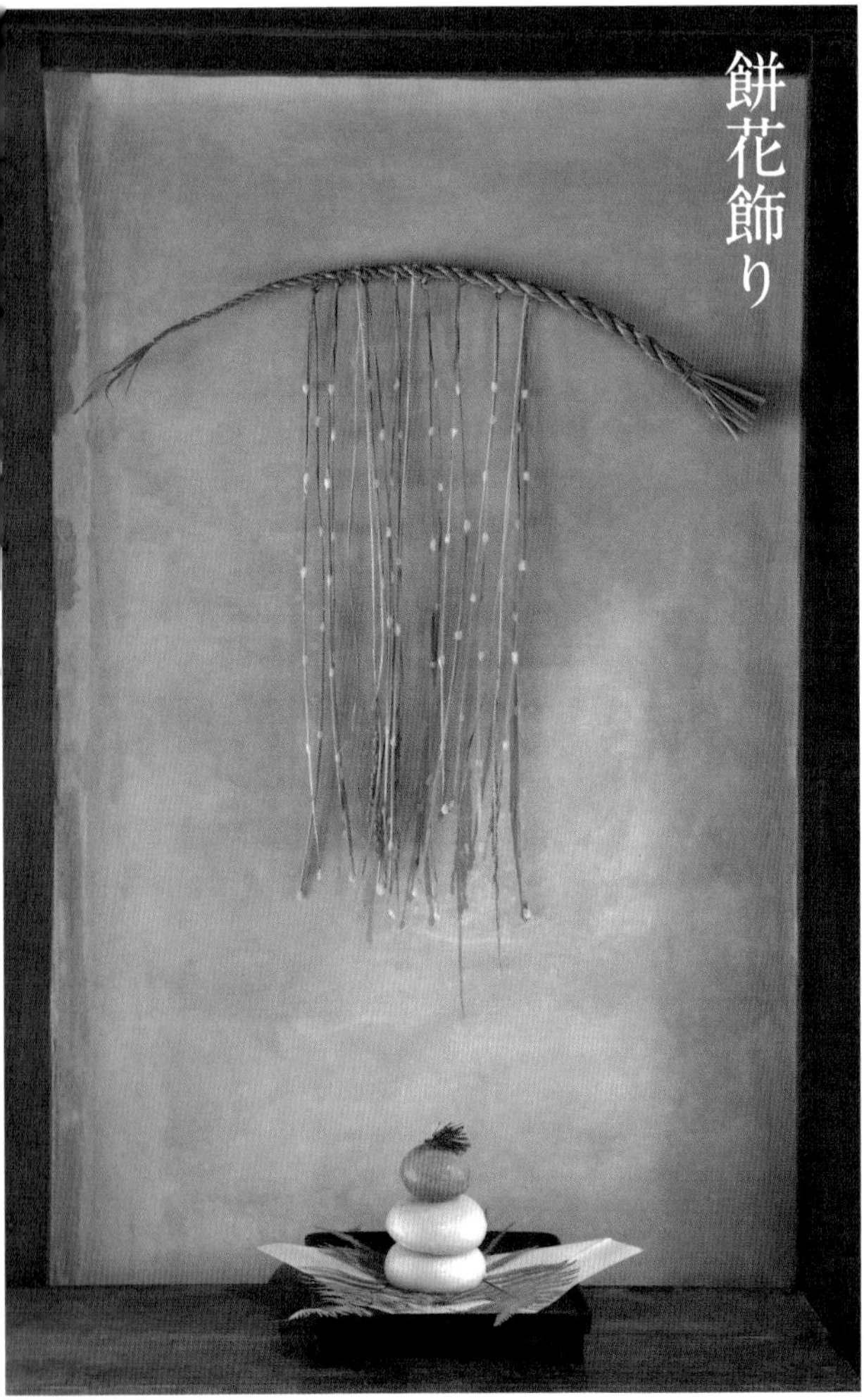

餅花飾り

餅花

冬の小枝に紅白の小さめの餅花を可愛らしくつけて。餅の玉の大きさ、間隔の広さにより趣が変わる。蜜柑を添えて。

粟《あわ》の善哉《ぜんざい》

小豆を粒餡にして、蒸した粟にかけて。甘みは控えめにすると飽きが来ない。主食の一つだった粟の恵みをいただく。

小豆《あずき》餅《もち》粥《がゆ》

小豆粥にパリッと焼いた餅を入れる。煮込まないのが美味しくいただくコツ。

祈りのかたち❶

年中行事と人生儀礼

年中行事は一年という時間の巡りの中で、季節の変わり目や農耕のプロセス、あるいは暦日などに沿って行われてきたものです。日本人の土着の宗教観や信仰の形が織り込まれ、戦《いくさ》や政治などの社会の変化や、時代により中断されたことはあっても、再生を試みたりかたちを変えたりしながら続いてきました。

現代においては、単調になりがちな生活にリズムをもたらし、季節の節目を肌で感じ、自分の生命力や心の状態を確かめ刷新する機会でもあります。また年齢を重ねるにつれて、正月、七夕、お盆、と行事を楽しんだ記憶が、季節とともに懐かしく蘇ることがあります。行事は季節の運行と同じように、毎年訪れては過ぎ去り、そして再び訪れるという循環を繰り返すもの。コンクリートに囲まれ、季節を感じることが難しいような街に住んでいても、ふと季節の移ろいに出合った時には心がほぐれます。日々が単調になりすぎることのないよう、目処《めど》になるのも年中行事です。

人生儀礼は、決められた年齢などを目処にお祝いすることです。帯祝い、初宮参り、七五三、成人式、結婚式、厄除、そして、還暦、古稀、喜寿、傘寿、米寿などが続きます。日本の人生儀礼で注目したいのは、この世に生きている間のことだけではない、ということ。生まれる前には帯祝い、亡くなったあとも年忌法要が続きます。時代や地域、家々により異なることですが、三十三回忌まで過ぎたら弔い上げとなり、人は個性をなくして「みたま」などと呼ばれる存在になり、そう遠くない山から子孫を見守るようになるという信仰が日本にはあります。そして、その発想は、何か尊い存在が、季節の節目や決められた日には時折家を訪れ、ともに過ごし、また去っていくというパターンの行事とつながっています。こうしてこの世にいるものとあの世にいるものが時折、コミュニケーションを交わし、生と死の間に完全な断絶がなく移動ができる。そんな境界線の曖昧な、生者と死者がともに生きているような空気の中で、私たちは暮らしてきました。

行事としつらい 覚え書き 一月

行事	正月　七草　初詣　松の内　若水　若菜摘み　初夢　年賀　書き初め 人日《じんじつ》の節供　成人の日　うそかえ　鏡開き　左義長
草花	寒牡丹　枝垂柳《しだれやなぎ》　猫柳　鶯《うぐいす》神楽《かぐら》　蕗《ふき》の薹《とう》 黄梅　薺《なずな》　満作　藪椿《やぶつばき》　水仙　シクラメン　福寿草
実りの供物	文旦　伊予柑　ぽんかん　橙　干し柿　大根　小松菜　芹　蓮根 高菜　三つ葉　浅葱《あさつき》
行事食	お節　雑煮　屠蘇　ぜんざい　小豆粥　大福茶　七草粥
祭り	白朮《おけら》詣《まいり》　初伊勢　七福神詣　玉せせり　達磨《だるま》市《いち》　鬼夜　十日《とおか》戎《えびす》 宝《ほ》恵《え》駕《かご》　奈良の山焼　厄神詣　梵天祭　浅草寺亡者送り
禅語	蓬莱不老仙　寿山福海　一日清閑一日福　青松多寿色　天行健 一花開天下春　松樹千年翠　松花伴鶴飛　日出乾坤輝

如月《きさらぎ》 二月

立春
雨水

立春
寒明《かんあけ》
早春
梅見
春浅し
旧正月
初午《はつうま》
下萌
雪解
春寒
余寒
麦踏《むぎふみ》
冴返る
猫柳
蕗の薹《ふきのとう》
鶯《うぐいす》

榧《かや》と餅花

節分に使う榧と小正月のお供えものを合わせる。餅花は紅白に染めて。旧暦では、節分と正月はほぼ同時期にあり、ともに祝うことも。

旧暦《きゅうれき》の正月《しょうがつ》

【一月末から二月のはじめ頃】

十二月末から一月にかけて、新暦の正月がひと段落する頃。窓から差し込む太陽の光に圧倒的な白さ、眩しさを感じはじめます。梅がほころび、その微かな花の香りをやわらかな春風が運んでくると、呼び覚まされるように少しずつ小さな生命が動きはじめているのを感じるようになります。鶯の初音を心待ちにするのもこの頃です。

明治の改暦までの長い期間、あるいはそれ以後しばらくの間、日本人の正月の季節感とは、こういう立春の頃でした。

年賀状に記す「新春」「初春」「鶯」の文字も、この時季だからこそ生まれたもの。長い年月の中にある二つの正月の季節。新しい時代と古《いにしえ》の時代、両方、合わせてはじまりの時を祝う機会にするのがおすすめです。

柊鰯《ひいらぎいわし》としめ飾り

正月のしめ縄と、節分の柊鰯を合わせて。江戸の風俗画には、しめ縄と柊鰯、両方が飾られているものがある。

松竹梅包み

旧暦の正月頃の松竹梅を合わせて結ぶ。冬の名残を示す白い縁取りの隈笹、いきいきとしてきた五葉松、盛りを迎えた梅花を半紙に包み紅白の水引で結ぶ。

節分《せつぶん》

【二月三日頃】

節分とは本来、立春、立夏、立秋、立冬の前日のこと。現在は立春（二月四日頃）の前日のみを称するのが一般的です。二十四節気の起点で季節のはじまりでもあり、旧暦を使用していると、お正月とほぼ同じ時季となります。長く寒い冬から、春のきざしを感じはじめる分岐点。一年の巡りの中で、季節の大きな境界線の一つとなります。生命にとって厳しく寒い冬を越え、ようやく訪れた春のきざしです。喜びに胸をふくらませながら、災いを除けるまじないなどをして、新しい季節を無事に迎えるための祈り、備えでもあります。鬼に扮した人を桃の弓や矢、棒などで追う「鬼やらい」や「追儺《ついな》」。大豆などの豆を使い鬼や邪を払う「豆まき」、戸口に柊と鰯の「やいかがし」などの魔除けをします。

御養《おやす》仕立て

青藁で拵えた「御養」と呼ばれる藁縄の器に柊鰯を入れて、節分と旧正月を合わせ、古きをふまえたしつらいに。豆飾りの上に下げ、邪気払いを重ねて。

◆土地の植物を使う

節分の邪気払いとして用いる植物は柊に限りません。海桐《とべ》花《ら》、榧《かや》、楤《たら》も邪気払いに用いられます。柊、榧は葉のトゲ、海桐は燃やす際のはぜる音、それぞれが災いを除ける呪力を発揮します。暮らしている土地の身近にある植物に想像力をはたらかせ、力をいただきましょう。

やいかがし

玄関先、門口の魔除けに。柊の大枝に鰯の頭を挿して。植物が柊の葉ではない地域もあるのと同様に、合わせるものは、豆腐、にんにく、人間の髪、らっきょう、葱坊主など。鰯だけでなく鯔(ぼら)の地域も。多様なかたちがある。

右/海桐花の葉と片口鰯の頭。
左/松葉と片口鰯の頭。

豆飾り

大豆を煎り、豆まきをするしたくをする。前の晩から豆を煎り、神棚や家の特別な場所にお供えをする。豆を煎るのは、悪いことや災いの芽が出ないようにするため。そして、美味しくいただくため。

黒煎り大豆と煎り大豆、あるいは紅白の豆を揃え、季節の境界線に見立てる。お供えを下ろし、豆まきを終えたら、年齢の数だけ豆をいただく。もしくは三粒と結び昆布を茶碗に入れ、お茶を注ぎ福茶に。

目《め》籠《かご》

目のたくさんある籠は、鬼、邪気を払うためのまじない。訪れた鬼がたくさんの「目」がある籠に怖れをなし逃げ出すという発想を元にした風習がある。箕を使うところも。目籠は目を粗く編んだ竹籠などのこと。

◆目の信仰

古く日本では、一つ目小僧などの妖怪や『出雲国風土記』に登場する目一つ鬼などのように、鬼は一つ目であるという考え方がありました。これは、籠の目に呪力があるという考え方の土台の一つになっています。一つ目である鬼が、編まれた籠に多くの「目」があることに驚く、というわけです。十二月八日、二月八日、そして節分の日などに籠を竿の先につけたり、軒先に立てて、鬼、すなわち季節の節目から入り込もうとする邪気や災いを防ぐまじないとしました。「目」に呪力があるという考え方は日本だけでなく、トルコのナザールボンジュウ、エジプトのアミュレットなど、目に注目した魔除けは世界中で見られ、陰陽道の五行を象徴する図形も籠目《かごめ》を思わせるかたちをしています。ちなみに日本の田園風景では、鳩除け、烏除けの目玉風船を見ることがあります。これも、目の力の信仰から生まれたものではないかという説があります。

涅槃会《ねはんえ》

【二月十五日、三月十五日等】

仏教行事の一つ。釈迦入滅の忌日《きにち》。朝鮮半島や大陸から中国仏教が伝えられ、さらに日本の信仰や宗教観と習合した仏教行事の一つです。お釈迦さまが涅槃に入った日として日本で定められ、季節を重視して、月遅れで行うところも少なくありません。この日は、釈迦の涅槃の様子を絵画に表した涅槃図を掲げ、涅槃経や仏遺教経などを読経して報恩供養の法会などを行います。釈迦の誕生を祝う灌仏会《かんぶつえ》、悟りを開いた成道会《じょうどうえ》と合わせて、三仏忌《さんぶつき》と呼びます。

古木魚《もくぎょ》と椿

お釈迦さま、そして仏教にちなむ道具として、年月を語る古い木魚に旬の椿を添えて。

梅枝《うめがえ》を包む

白梅の花枝を奉書の木花包みで包む。紅白の水引であわじ結びに。

梅見《うめみ》

梅見とは、梅林や、山の梅の花を観賞すること。観梅、梅見茶屋、梅見月、梅見船など、まつわることばが多く残ります。古来、日本で花見といえば梅。まだ冬の寒さが残る時分、年のはじめに、あらゆる花のさきがけとして先陣を切り咲くこと、そして品のよい佇まいや香り。何よりも、待ち遠しく思っていた春がようやくやってきたのだ、と嬉しい知らせを告げる花です。

『万葉集』の和歌の中に登場する花見も梅見が中心です。万葉集の中の梅花の歌は、約四五〇〇首中、一一九首ほど。桜の歌が四十首ほどに対して倍以上の数となります。

現元号「令和」の典拠は梅花の歌三十二首の序文です。

「初春の令月にして気淑《よ》く風和らぎ梅は鏡前の粉を披《ひら》き蘭は珮後《はいご》の香をかおらす」

椿包み

椿の足元を 半紙で包み小さな
草木 包みに。 精麻で結ぶ。

石臼に白侘助《しろわびすけ》

生活の道具として大切な役割を果たしてきた石臼と白侘助の大枝を合わせて。

祈りのかたち❷

境界線の信仰

民間の人々の間で行われていた土着の信仰は、外国の宗教である仏教が伝わってきたり、神道を国教にしようとした時代の国策に翻弄されても、かたちや発想を変えながら、かろうじて今に至るまで続いてきたものです。長い年月の間、混じり合い、重なり合うようにして続いてきた民間の行事や信仰にちなむものの多さは、想像の域を遥かに超えています。もちろん一つにまとめることなど難しく、網羅しようとするにつれ、古の人の想像する豊かさに圧倒されてしまいます。ただ、多くの行事に見られる共通のものの一つとしてあるのは、人はこの世を離れたあとも、どこかにいて、私たちを見守り、ともに暮らしているのだというような感覚です。ハレとケの日を分け、境界線や結界を張るといった信仰がたくさん生まれたのも、見えるものと見えないものがともに暮らし、この世とあの世の境界線には、行き来のできる曖昧さがあったからということも大きな理由かもしれません。

境界線はふだんの暮らしの中のあらゆるところに見られます。玄関、縁側、門口に軒や戸、厠《かわや》、屋根、井戸、峠、丘、岬、海岸、そして、盆棚、年棚、神棚も、境界を表すものだといってもいいかもしれません。寺社では、結界門、鳥居。また町と町の間などなど。そして境界を表す場所には、呪力を持つと信じたものを目印に置いたり、下げたりして守ってもらいます。しめ縄、柊鰯、紫陽花守り、鍾馗《しょうき》人形、シーサー、目籠、砂盛り、軒菖蒲《のきしょうぶ》、道祖神、道切りなどがそうです。線引きをするのは、確かに災いを防ぐ意味合いもあるけれど、ぴしゃりと関係を閉じてしまうというよりは、外の世界と自分の世界の違いを認め、一呼吸おいて大事なことを迎える前のしたくや、心構えをするために、存在していたようなところがあります。いずれにせよ、いつの時代も境界線をどう捉えるか、何を思うか、何を託すかは、その人自身の思いとともにあるものです。

行事としつらい
覚え書き 二月

行事	旧正月　節分　豆まき　鬼やらい　追儺　立春　初午　針供養 雪祭り　建国記念日　バレンタインデー　涅槃会
草花	山茱萸《さんしゅゆ》　蕗の薹　雪割草　椿　侘助　福寿草　南天の実　仏の座 節分草　猫柳　菜の花　花韮　沈丁花
実りの供物	蜜柑　デコポン　三宝柑　八朔　レモン　蕪　芥子菜　野沢菜 花わさび　葉わさび　京菜　春菊
行事食	福豆　福茶　稲荷寿司　恵方巻　しもつかれ　鰯　やしょうま　初午団子
祭り	御燈祭　藁馬曳　竹割祭　長谷寺のだだおし 常楽会　一夜官女祭　どんづき祭　日本二十六聖人祭
禅語	梅花和雪香　雪月花　紅炉一点雪　梅花似照星　松風供一啜　花閑鳥自啼 春在一枝中　和気兆豊年　東風一段春　萬物生光輝　梅是百花魁

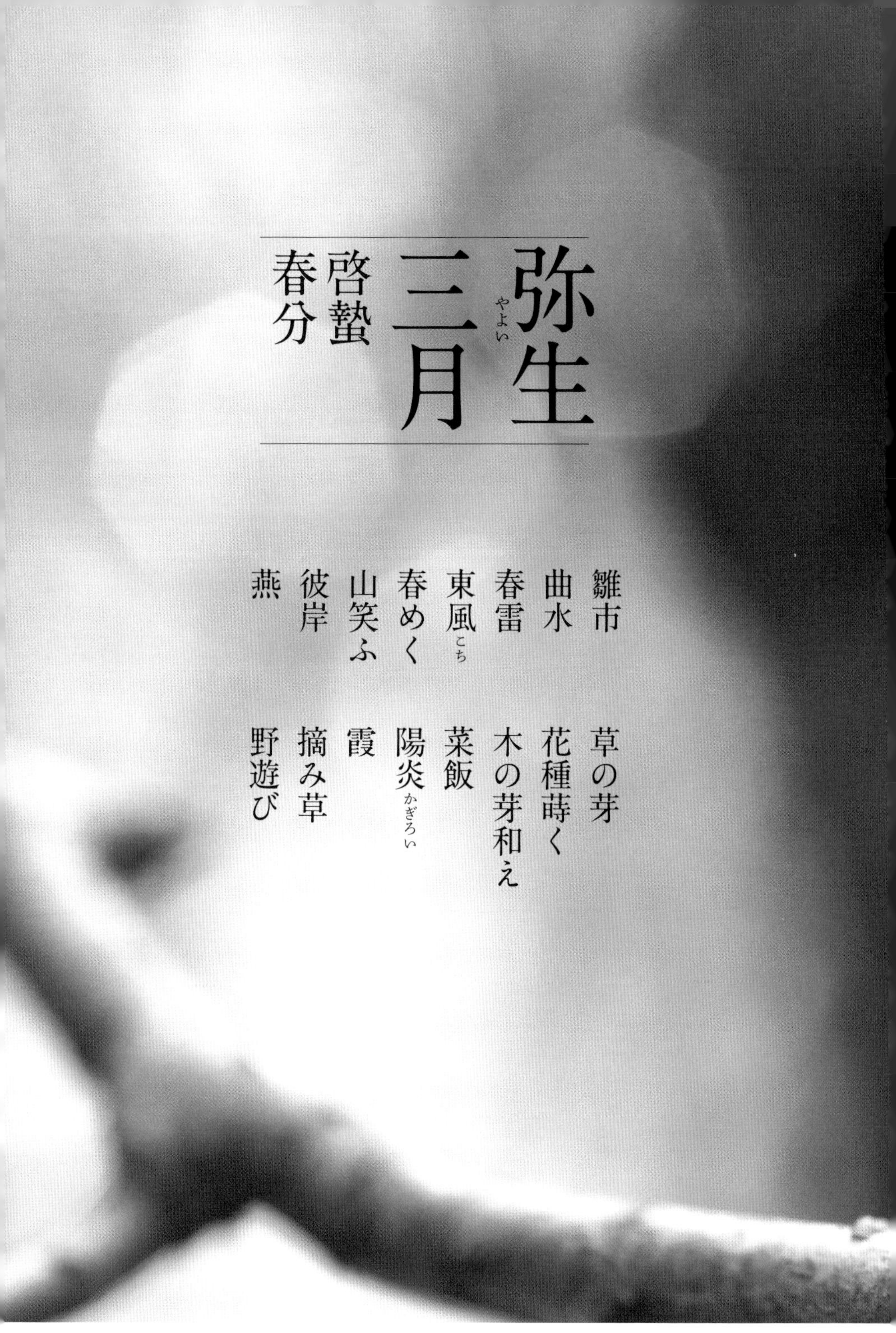

弥生《やよい》 三月

啓蟄

春分

雛市

曲水

春雷

東風《こち》

春めく

山笑ふ

彼岸

燕

草の芽

花種蒔く

木の芽和え

菜飯

陽炎《かぎろい》

霞

摘み草

野遊び

桟俵《さんだわら》と花御供《はなごくう》

ざっくりと編んだ桟俵に、旬の草花を入れ、雛や形代(かたしろ)に見立てる。春の息吹や風、そして川の流れが伝わってくるように。

上巳《じょうし》の節供《せっく》

【三月三日／新暦の三月三日】

上巳の節供は、五節供の一つです。

近代から現在にかけては、女の子のお祝いを行う日としての印象が強いところがありますが、上巳、元巳、桃の節供、雛祭りなど、多くの名があり、長い歴史や暮らしの中で、様々な習わしや考え方が生まれていったことが、名前の多様さに現れています。

上巳の源流は、中国から伝わってきた上巳節で、三月の最初の「巳」の日に、川や海などの水辺に出かけ、不浄を払うための行事でした。

日本では平安時代、陰陽師によるお払いとして、人の形をしたもので身体を撫で、川に流すなどの習わしがありました。

同じ頃、災いや疫病を払うため海辺や川に集まり、貝などの自然のものを皆で食べては祝い遊ぶ「節供浜」、「女の節供」と呼ばれた磯遊びなどの風習も、行われていました。現在の雛人形を飾る習わしや、流し雛などは、古い時代からあった人のかたちに穢れを託す邪気払いや、川や海などで水で流す習慣などと通じています。

桃の箱飾り

桃は旬の花であるとともに、古くから花や枝、実に呪力があると考えられていた神聖な植物の一つ。山や海で時を過ごすことで災いを払う景色を思い浮かべながら、苔を敷きつめた桐箱に配して。

桃枝のしつらい

桃は花だけにとどまらず、枝や実など、桃そのものに呪力が宿ると考えられていた。枝をまとめて半紙で結び、精麻で結んだところに蕾をあしらう。

紙雛

雛人形の源流は、人のかたちに見立て、災いや疾病、穢れを移し、身代わりになってもらう形代の信仰から。古の人々の思いに通じる祈りを、白い奉書の雛に託して。

上巳の節供

◆桃の呪力

『古事記』ではイザナギノミコトが黄泉《よみ》の国から逃げ帰る際、桃の実で難を逃れます。邪馬台国の有力候補地である奈良の纏向《まきむく》遺跡からは、二千個を超す桃の実の種が出土しましたが、桃は邪気を払い、不老長寿を招くという中国の神仙思想の影響を受け、古代祭祀に用いたものと考えられています。昔話の桃太郎は、川から流れてきた大きな桃を割って生まれてきます。

桟俵に一重の桃

円形の藁のふた、桟俵を流し雛の舟に。生活の道具でありながら、お盆、正月、各地の神送りに使われてきた信仰の道具。上巳の節供の象徴である一重の桃を入れて。

貝花

ふっくらとした桑名の蛤。手や心を合わせるようなかたちの二枚貝に、時節の花を入れ、帯の上に置いて。川や海などの水辺で飲食をし、禊(みそぎ)とした磯遊びに思いを巡らせて。

貝合わせ

貝の色、風合い、形などの珍しさ、美しさを比べ合い、競った平安時代の遊びより。ぴたりと合う一対を探し当てたり、トランプの神経衰弱のように、貝の内側に施された絵や、和歌の上と下の句を当てていくなどして遊ぶことも。右写真は雛道具、災除けの犬筥(いぬばこ)が描かれた「貝合わせ貝覆いとも藤」さんのもの。

家族の形代《かたしろ》

災いや疫病、穢れを託すのは、人間だけでなく、家、車、犬猫などのペットなど、家族の形代を揃えて。

◆形代の文化

形代は、ひとがた、とも呼ばれる古くからある日本の習俗です。紙や木、金属などで人のかたちや道具、動物などを模したものをつくって、これを川や海に流すことで身代わりになってもらい、災いや疫病を除けるのです。人のかたちにはじまり、馬、牛、鳥、犬、刀、車、舟などがあり、あらゆるものに対して心を使っていたことが伝わってきます。平安時代の天皇にいたっては、年間二千枚以上の形代を用いたのだとか。流し雛はこの流れを汲み、雛人形の源流も、形代だといわれています。雛祭りが終わった後、片付けないでいるとお嫁にいけないという戒めがありますが、これも災いや疫病などを託したものだから片付けないと災いを流すことができないという考え方と通じているのかもしれません。

春彼岸《はるひがん》

【三月二十日頃、前後の七日間】

お彼岸は、春の三月と秋の九月の七日間のこと。半年に一度のタイミングで巡ってきます。「暑さ寒さも彼岸まで」というお馴染みのことばにも表されているように、大きな季節の分かれ目の一つ。春のお彼岸の真ん中にあたる中日は「春分」で、太陽の運行の分岐点です。

現在のお彼岸は、お墓参りが中心ですが、古くは稲作のはじまりの時期でもありました。「社日」など豊作を祈願する習わしや、田の神さまをお迎えする風習があり、また彼岸を「日願」として、朝、東から昇る太陽を迎えて拝み、夕暮れに沈むお日さまを見送る「日迎え日送り」がある土地も。西方浄土に寄せる仏教的な信仰など、様々な発想が重なり合っています。

戻る寒さに煩うことがなくなり、これから暖かくなるばかり。春爛漫へと向かう季節の中、大切な存在に目を向け、手を合わせ、春とともに膨らむ気持ちを温めていく、そんな季節です。

菜種御供《なたねごくう》
菜の花団子

梔子(くちなし)の実で染めた菜種色の団子。菅原道真の叔母が春の訪れを感じさせる黄色い団子をつくったという話が由縁。菜種＝なだめるに通じることから、霊が荒ぶるのを鎮めるためのものだとか。

青柳のかづら

芽生えたばかりの柳の新芽の枝を輪にしてかづらに。かづらとは、菖蒲、青柳、稲穂、百合などの植物を髪飾りにしたもの。髪に結んだり、巻きつけたり、からませて。植物の生命力を授かる。

蓬《よもぎ》のお彼岸団子

やわらかで香りのよい蓬の新芽を摘み、蓬団子をつくる。積み上げたお彼岸団子の頂にのせ、太陽と植物の生命力に感謝を込めて。

香雪蘭《こうせつらん》

遠くからも香る花、フリージア。野で生きるものは特に、一つ一つの株で香りが変わる。骨董の壺に入れて。

紫華鬘《むらさきけまん》

日陰の山でも群生する生命力の強さ。地面から立ち上がる姿に勇ましさも。

沈丁花《じんちょうげ》

春のきざしの中で、香る沈丁花。
強い香りは時がくるまで香らない。
意志を感じる花。

花韮《はなにら》

花韮は星の花。毎年、地面からほっそりとした葉を出したあと、無数の星を大地に広げる。

祈りのかたち❸

和歌に見る祈り

古典の中から、当時の祈りの姿を教えてもらうのは楽しいものです。特に長い年月、時を超えてもなお、今に通じているような習わしに出合うと嬉しくなります。たとえば、着物にちなむ信仰の「袖振り」です。今から約一二〇〇年前に編まれた『万葉集』の中には、袖振りの歌が三十二首ほど登場します。なんのために袖を振るかというと、袖には霊魂が宿るため、振ることで呪力がはたらくという考え方があるからです。

使う場面は、愛情を示す時や別れを惜しむ時、あるいは相手の魂を招き寄せたい時。さらには相手の魂を奮い立たせ、自分のところへ引き寄せるまじないとすることもありました。現代においても、別れ際や人を呼ぶ時などに手を振るのは、古代のこの袖振りが元ではないかといわれています。もちろん、当時の着物の袖は今のような形と違い筒状で、手が隠れてしまうように袖は長くなっていましたから、厳密にいうと袖振りは、長く伸びた袖の先を持って布を振るというかたちのものでした。手が袖に隠れているという状態は、今ならお行儀が悪い、と注意されそうな格好ですが、袖振りより古くからあった信仰で、風にたなびく布状のもの、たとえば領布を振ることで、魂を招き霊威を活性化させるという考えが元になっているそうです。領布《ひれ》とは奈良時代から平安初期の肩掛け、天女の羽衣のようなもの。私たちは、友人や近しい人とさよならする時、あるいは挨拶をする時によく手を振りますが、古の人が、ひらひらと布をたなびかせることで、呪力をもたらすと考えていたことに通じていると思うと、別れ際の手の振り方も優雅にゆったりとさせてみたい気分になってきます。

そのほかにも着物を結ぶ紐や帯に、草花を結んだり、わざと紐を緩めることで早く会うためのまじないとしたり。呪力のある植物を頭に巻いたり、花を髪に挿すなどして邪気を払う、まじない挿頭など、男女関係なく用いていた華やかな時代がありました。和歌の中に見える祈りを辿り、しつらいを試みていけば、古と今の重なる道を歩くようで楽しいものです。

行事としつらい
覚え書き 三月

行事	上巳の節供　流し雛　十三参り　利休忌　曲水の宴　涅槃会　ご開帳 春分　彼岸　日迎え　社日《しゃにち》　修二会《しゅにえ》　摘み草　野遊　磯遊　卒業
草花	菜の花　虫狩　桃　連翹《れんぎょう》　木瓜《ぼけ》　木五倍子《きぶし》　貝母《ばいも》 土筆《つくし》　山桜　彼岸桜　土佐水木　三椏　春蘭
実りの供物	苺　桶柑《たんかん》　筍(孟宗竹)　たらの芽　野蒜　蓬　菜の花　蕗の薹 うるい　島らっきょう　独活《うど》　山蕗
行事食	ちらし寿司　蛤のお吸い物　白酒　菱餅　雛あられ　牡丹餅 十六団子　蓬の彼岸団子　菜種団子　おこしもの
祭り	春日祭　お水取り　おいで祭り　鹿島祭頭祭　帆手祭 高尾山火渡り祭　道明寺菜種御供　若狭お水送り
禅語	体中玄　桃花千歳春　山深雪未消　柳緑花紅　李花白桃花紅 桃花依旧笑春風　春水満四沢　春風吹又生　百花春至為誰開

卯月《うづき》
四月

清明
穀雨

日永
麗か
辛夷《こぶし》
春の宵
朧月
花曇
桜鯛
汐干
百千鳥《ももちどり》
仔馬
若草
風光る
豆の花
春眠
蜃気楼
茗荷竹《みょうがたけ》

灌《かん》仏《ぶつ》会《え》／花まつり

【四月八日頃】

灌仏会、花まつりは、お釈迦さまの誕生を祝う仏教行事です。仏生会、仏誕会、降誕会、浴仏会などと呼ばれます。ただ史実を表しているものではなく、釈迦の誕生を祝う日は、その国によって違うのも珍しいことではありません。日本では同じ時期、古くは山に登り、花をご先祖さまに供えたり、子どもたちが集まり折々の草花を集めて歩くなどの習俗があり、日本でのお釈迦さまの生まれた日付は、土着の信仰と習合した形跡が見られます。田の神を迎える時季とも重なり、花でいっぱいになる季節の中で生まれた習わしは、様々にふくらんでいます。古くは小さな仏を置いて五種の香水などを注ぎ、浴仏をする習わしが中国から伝わってきましたが、現在、日本では飲用にもなる甘茶をかけるのが一般的。春爛漫の季節の中で、お釈迦さまがこの世に生まれてきたことをお祝いし、仏教にちなむもの、通じるものは何かしら……と思いを巡らせ、しつらいを試みます。

小仏と花

陶皿に時節の花を入れ、足元には清浄な水を張る。軸になる中心に陶仏を入れ、小さな花御堂として。

甘茶

趣のある甘茶の茶葉を広げて。山紫陽花の一種で、砂糖の六百倍から八百倍あるという甘みを、釈迦誕生の時に天から降り注いだという甘露のに見立て、散華を象った葉蘭と経木にのせて。

高杯に時節の花、諸葛菜(しょかっさい)を溢れ出すように入れ、花に満たされているという天上界のごとく。

右手を上げ左手を下げる誕生仏だけでなく、合掌仏、座仏など、様々な仏で釈迦の誕生を祝う。

経《きょう》木《ぎ》と花

四方を同じ長さに整えた経木の上に、時節の花を取り合わせて。経木は杉や檜を薄く削って作る食品を包む生活の道具。古くはお経を書き写す用途があったことから、お釈迦さまにちなむ祈りの道具として。

灌仏会 花まつり

左上 折敷に榊と花

足付折敷の上に半紙を敷き、皿をのせ、小さな花器に本榊を立て入れ、その周囲に色とりどりの時節の花、椿を配す。

◆花のお供え

行事の習わしに、大切な役割を果たしているものの一つが花です。この行事にはこのお決まりの花でなくては、という場合もありますが、多くはその土地の花を使うということが基本にありました。現在は庭が十分にある家も、原っぱがすぐそばにあり自生する草花を気軽に手に入れられるという環境もなかなか難しくなっています。その一方で、花屋さんやネット販売で各地の花をいつでも手に入れられる時代になりました。

この二つの相反するような環境が「この行事にはこの花でなくてはならない」という固定化した概念を進めているようなところがあるのかもしれません。行事の決まりごとを「型」として憶えていくのも小気味良いものですが、元々は、その時節に山や野、庭に生えている土着の草木花に自然の力が宿るものをいただく、という考えがありました。時節の花をあれこれ自分で吟味して、心をはたらかせることを忘れずにいたいものです。

天《てん》道《とう》花《ばな》

竹竿の先に時節の花を結び、軒先や道に掲げて。空に向けて花を立てる。近畿から中国、四国地方で見られる習わし。立花、高花、八日花とも。山桜のほかに躑躅(つつじ)や石楠花(しゃくなげ)、空木(うつぎ)、藤など。

卯《う》月《づき》八《よう》日《か》

【四月八日頃】

卯月八日とは、四月八日頃、軒に花を飾ったり、竿の先に花をつけて立てたり、花を山に採りに行くなどして、花に降りてくる祖霊を迎えたり、田の神さまをお迎えし、一年の食べ物の無事の収穫を祈る行事です。

中国仏教から伝えられた灌仏会などと、各地で混じり合い、習合していったようにも見えますが、どちらの行事も現在は行う人が少なくなり、忘れ去られようとしているものの一つとなっています。お米を作る人は少なくなり、それに伴う作業や、見守るうちに自然に湧き上がる気持ち、そしてたくさんの実りを期待する、祈るような気持ちとは、なかなか縁を持ちにくくなっている背景があります。

◆草木花包み

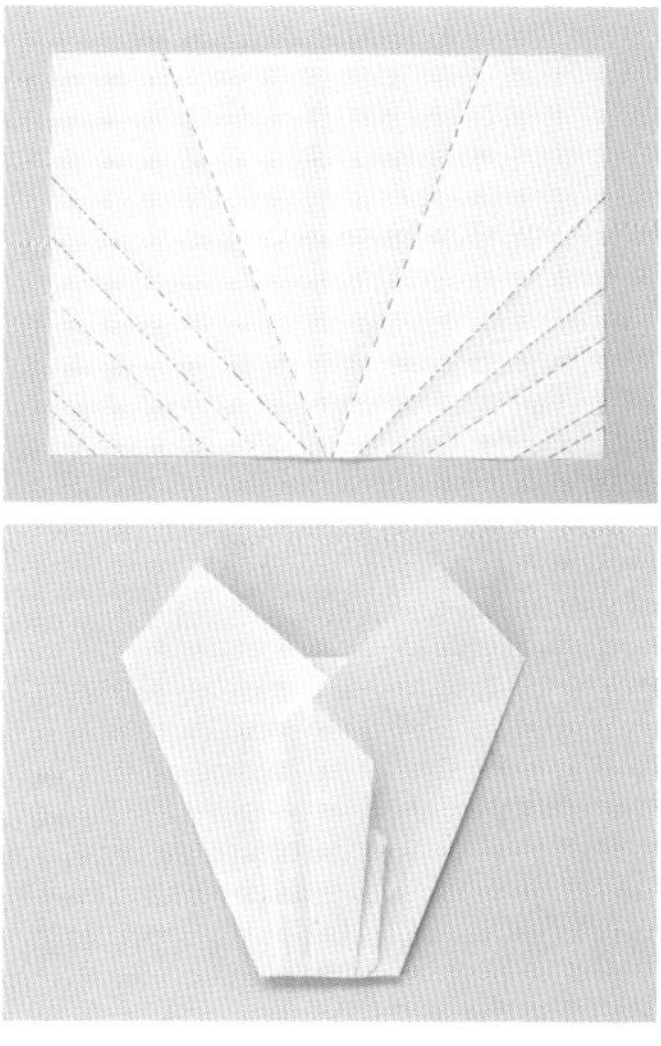

桜の枝を草木花包みにしてみる。点線を折り、写真のように下部を内側に折り曲げてみても。

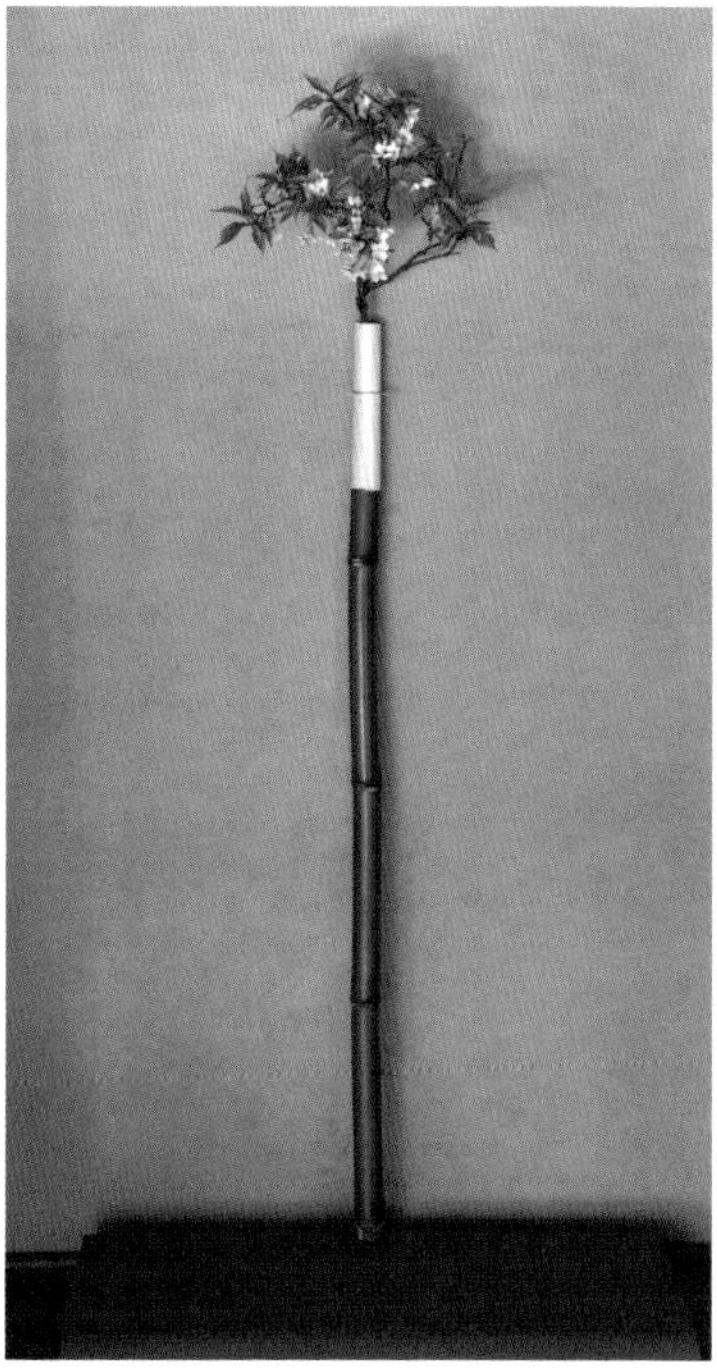

山の神を迎えるための依代に。山桜の天道花を青竹に入れて。

鎮花祭《はなしずめのまつり》

【四月十八日頃】

桜の花が散る頃、その花片にのって疫神は分散し、疫病が拡散、流行すると考えられていました。疫病が蔓延しないように疫癘《えきれい》を鎮めるために行われてきたのが鎮花祭です。人々は古代から病気に悩まされ、それを鎮めるために向き合い、様々なことを行ってきました。

奈良県桜井市の大神《おおみわ》神社、狭井《さい》神社など、鎮花祭は多くの神社で行われていました。『延喜式』に登場する鎮花祭では、黄檗《おうぼく》、茜という薬と、七張の弓が供えられたという記録があります。大神神社の鎮花祭には薬草が供えられ、全国各地の製薬会社や医療関係者が集い、無病息災を祈ります。

花傘のしつらい

出雲大神宮の鎮花祭「出雲風流花踊り」の花傘をモチーフに。はねるような踊りは、一月から十二月の折々の行事のしつらいを施した花笠をかぶる男衆によるもの。記録によると室町時代ぐらいから伝わり、古風で趣ある踊りも歌も見応えがある。

山の桜

桃色が美しい花色の桜。山肌からいただいた名も知れぬ見事な早桜を沈丁花とともに。

山桜と御神酒

自生する山桜は、花色が樹により少しずつ異なる。ともに開く若葉と合わせて、山の神を迎えるための御神酒を添えて。

山桜

白みの強い山桜の花枝を。年季の入る古枝にも趣がある。

祈りのかたち❹

仏教にちなむもの

仏教は、はるか遠くインドから中国大陸や朝鮮半島を経て、外国の宗教として伝わりました。ブッダの教えを元に生まれた仏教は、伝道の途上の国の土着の信仰や文化と溶け合い、姿を少しずつ変えていきます。外国の宗教（すなわちよそ者）が土地に馴染むためには、中国でも日本でも、郷に入れば郷に従え、の機転が必要だったのです。ブッダの亡くなった後、百年、二百年が経つにつれ、出家者は様々な集まりをつくり修行に励みますが、意見などの違いから対立が起きるようになり、組織は分かれていきました。初期の原始仏教を元に集まり、修行に勤しんだ者たちの一派は、上座部系仏教と呼ばれ、スリランカや東南アジア方面に伝わります。それに対し、中国や朝鮮、そして日本に広まったのは大乗仏教です。大まかにざっくりとですが、仏教は大きくこの二つの流れに分かれています。

　意外なのは、日本ではお馴染みの大乗仏教が、元を辿れば従来の仏教に対して満足できない思いを持っていた者たちの、ニューウェイブ的な改革運動の中から生まれたものだということです。時の流れは、何が新しいもので何が古いものか、そして時には何が重要だったのかをも、わかりにくくしてしまうような力があります。ちなみに日本でお馴染みの般若心経、法華経、観音経、阿弥陀経も大乗仏教のお経で、インドから中国を経て漢文に翻訳されたもの。どのお経も由来や意味を紐解けば、その時代の祈りに対する息吹が伝わってきます。上座部系仏教のお経で、ことばの美しさに目が留まるのは、法句経、＊ダンマパダです。様々に残る仏教資料のうちで、最古のものの一つ。世界中で最も広く仏教徒に親しまれているこのお経は、詩の形式をとっていて馴染みやすいものです。

＊ダンマパダ　「華」の五二
まこと　色うるわしく咲ける華に　香の伴うごとく
善く説かれたることばは　これを身に行うとき　はじめて　その果実はあらん（うるわしく咲く花の中に　芳しい香りのものがあるように　善く説かれたことばは　自らで行いはじめて、実りを手にするものである）

行事としつらい
覚え書き　四月

行事	花まつり　灌仏会　花見　入学式　入社式　エイプリルフール 復活祭　ゴールデンウィーク　昭和の日　卯月八日　浜下り
草花	染井吉野　花海棠《はなかいどう》　木通《あけび》　郁子《むべ》　山吹　母子草　苧環《おだまき》　海老根　利休梅 花筏　花蘇芳　浦島草　黒文字　片栗
実りの供物	夏蜜柑　黄金柑　春菊　嫁菜　浜防風　分葱《わけぎ》　土筆　木の芽 筍（淡竹）　山わさび　片栗
行事食	甘茶　花見団子　花見弁当　桜餅　桜湯　こけら寿司
祭り	安良居祭《やすらいまつり》　鎮花祭　春の高山祭　靖国祭　嵯峨大念仏 御身拭《おみぬぐい》式　万願祭　鞍馬の花供養　日光強飯式《ごうはんしき》　行基詣　花換祭 青柴垣神事　西大寺大茶盛　吉野花会式
禅語	弄花香満衣　一華開五葉　直心是道場　天上天下唯我独尊　山花開似錦 拈華微笑　花枝自短長　風暖鳥声砕　花無心招蝶　落花随流水

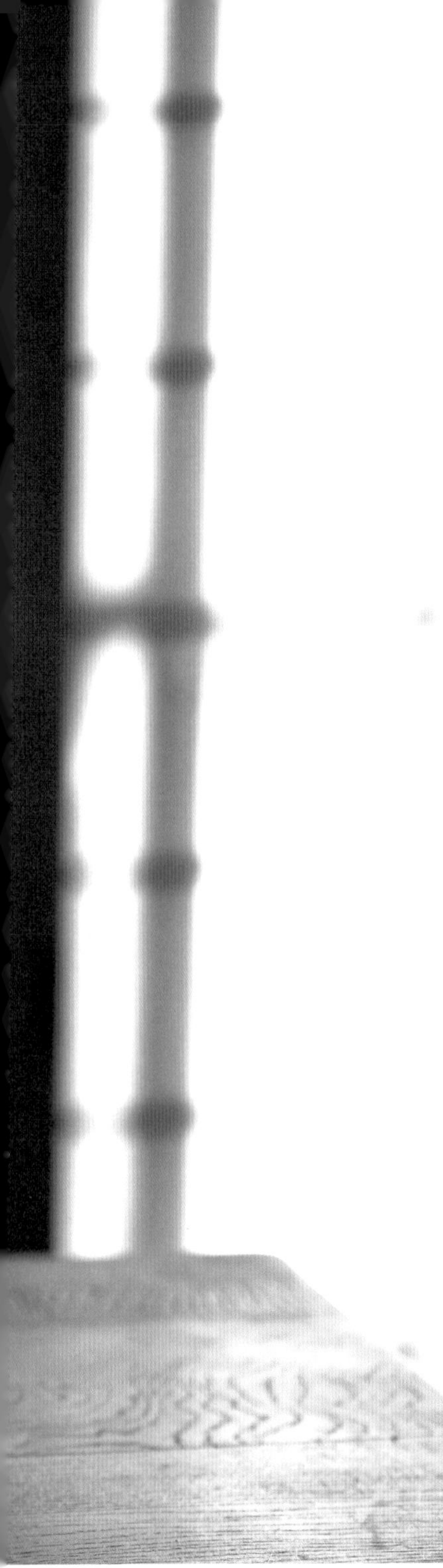

皐月
五月《さつき》

立夏
小満

初夏
薫風
余花
草合
吹き流し
薬の日
新茶
夏めく

葵祭《あおいまつり》
夏花
若楓《わかかえで》
新緑
柿若葉
筍飯
擬宝珠《ぎぼし》
空豆

新古のゆずり葉

若葉と年を越している古い葉。同じ幹に二つの世代がつく枝を神事の道具、瓶子に入れて。

飾り茅《ち》巻《まき》

災厄疫病を払うためのかたち。端午に由縁のある黄飯を笹で包み、イグサで巻き上げる。円錐のかたちに整え、山や天上など、聖なる場所を指し示す意匠に。射干（しゃが）の花を添えて。

端午《たんご》の節供《せっく》

【五月五日／旧暦の五月五日】

端午の節供も、時代や土地によって多様な意味を持つ行事の一つです。古くは薬草を摘み草する「薬猟《くすりがり》の日」。あるいは田植えをする前に穢れを落とすために菖蒲をふいた小屋で御籠りをする「女の日」。武家社会が長くなるにつれて生まれたのは薬草の「菖蒲」を「勝負」や「尚武」に通じる音だとする発想。想像力たくましく、いのちや家を守るための戦いの記憶が日常にある時代の中で、生まれた祈りでしょう。

近世、近代に世代的な接点のある私たちが「勇ましさ」や「戦い」を軸にした習わしに、親近感を持つのは自然なことです。桃の節供と対になり、男の子のお祝いという印象が強く残ります。ただライフスタイルや、パートナー、そして子どもに対する考えも多様な時代へと移り変わる世界的な流れの中で、限定的な性別に対する行事であった考え方も変化を遂げていくのが自然でしょう。長い時代を振り返れば、元々社会の変化や、土着の風習により行事や習わしは移り変わっていくものでした。

小菊の薬玉《くすだま》

様々な小菊を取り合わせ、小さな玉にして房を結ぶ。古来「玉」ということばには、美しく価値のあるもの、すぐれているもの、呪力を持つものという意味があった。

時節の花を玉にして。紐は飾り結びに。薬玉の趣は、置く場所の背景により、表情が出る。襖紙の前、垂撥(すいはつ)にかける、帯の道具である撞木(しゅもく)に吊るして。

◆薬玉

現在「薬玉」といえば運動会の催し物や、お店の開店祝いなどの映像が思い浮かぶ方が多いと思います。

本来の姿はというと、文字通り「薬の玉」。時節の薬草や花を丸く、あるいは様々なかたちに結んで吊るす邪気除けのことでした。

菖蒲や蓬などの薬草を結び、五色の糸を結ぶなどして長く垂らしたものなどがあります。柱や御簾《みす》にかけたり、身に着けると悪気を払い、寿命が延びると考えられていたのは、中国の風習の長命縷《ちょうめいる》の影響を受けたもの。『枕草子』、『源氏物語』などの描写からは、貴族の間で贈り物として用いられたとも伝わってきます。造花や紙細工などの手芸品も現れ、背中にかけたり肘に下げたりしたのはやはり中国の習わしに影響を受けていたものです。

端午の節供

菊と南天の薬玉

同じ種類の菊を花材のスポンジに刺し、玉にする。大きめの菊の葉と南天の若葉を添えて。

躑躅《つつじ》と菖蒲の薬玉

旧暦の端午の節供のしつらいに。梅雨に近づいて草木花の様子が変わり出す頃、躑躅に大ぶりの菖蒲を合わせる。陰と陽の気がぶつかり合う夏至や、梅雨の悪気を払う。

石楠花《しゃくなげ》と菖蒲の薬玉

旧暦の端午の節供のしつらいに。新暦から季節は進んで、時節の花も変わり、石楠花など六月の花を結んで。自然の菖蒲も、大ぶりになるのはこの頃。

端午の節供

唐《から》種《たね》招霊《おがたま》の花鈴

香りのよい唐種招霊を、打ち鳴らすことで魔を払う呪力があるという鈴に見立てる。紅白の奉書で草木花包みにして、金赤の水引で結ぶ。長折敷にのせて。

兜《かぶと》箸置き

小さな兜を紅白の奉書で折る。兜は古の戦いの時代の象徴。時の重なりに思いを馳せて。

菖蒲飾り

香気があり、紅のさす菖蒲の根を上にして、奉書で包み、榊と一緒に精麻で結ぶ。菖蒲は根の香りや鋭い葉のかたちなどを邪気払いの力として。

端午の檀紙飾り

檀紙を端午の折形包みにして、菖蒲を軸に据える。折形の中心には呪力が長く続くように、常緑の松を入れて。

端午の節供飾り

紙で端午の節供祝い包みをつくり、菖蒲を包み立て、房を提げる。金赤の水引で結ぶ。紅白の水引は赤を右に結ぶが、金赤の場合どちらを右に出してもよい。

紫蘭《しらん》

品のよい葉からすっと伸びる茎。頂につく花は小さいながら存在感が。

躑躅《つつじ》

年代物の枝に咲きほこる躑躅の花の百花繚乱。水を張ったガラスの器に入れて。

鉄線《てっせん》

古い桶に水を張り、鉄線を。皐月の爽やかな空気も一緒に添えて。

祈りのかたち❺

様々な節供 五節供以外の節供

日本にはたくさんの節供がありました。特有のお供物があったことから「節供」の文字が使われています。昨今は「句切り」の意味合いが強くなったせいでしょうか、「節句」と記されることが多くなりました。現在、節供といえばすぐに五節供、すなわち人日の節供、上巳の節供、端午、七夕、重陽のことだと思うわけですが、これは江戸幕府が儀式を執り行う日、式日として定めたもの。明治の改暦に伴い、国が定めるものだった時代は一旦、幕を閉じます。その後も民間の行事として、今に続いている理由は、すでに生活の一部となっていたことや、人形などの五節供にちなむ多くの商いが生まれ、営まれていたこともあるのかもしれません。

実のところ、一年の節供は五つだけではなく、多様なものがありました。各地にどんな節供があったかを見ていきますと、一月の「花かき節供」は、小正月に豊作を予め祝うために、削り花を作り飾る節供です。また、小豆粥をいただいて占いなどをする「粥節供」、そしてその年の農作業や漁に使う綱や縄を作って祝う「綱打ち節供」がありました。三月三日も、上巳の節供だけではありません。麦の実りのでき具合を褒める「麦ほめ節供」などがありました。「麦がようできました」などと声をかけて、あたかももうすでに麦が豊かに実ったかのように唱えながら種を蒔き、麦踏みをするというものです。これは「予祝」といって古来、日本によく見られる考え方です。願いが叶った時の気持ちや労いを、ことばにして褒めたり喜んだりして、畑や田んぼ、景色などに声をかけるのです。すでに願いが叶った時のように振る舞えば現実化する、というわけです。おめでたいことが起きると見越して祝う、現代の前祝に通じるものでもあります。

そのほか、三月の船玉節供、四月の飴形節供、酒節供、八月の馬節供、姫瓜節供、九月のおかずら節供、十二月の川渡り節供、等々。名前を聞いただけで出かけたくなるような節供が各地にありました。五節供に限らず、様々な由縁のある節供に触れ、しつらいを試みていきたいと思います。

行事としつらい 覚え書き 五月

行事	端午の節供　八十八夜　母の日　憲法記念日　みどりの日　こどもの日 茶摘み　田植え　ゴールデンウィーク　潮干狩り
草花	藤　小手鞠《こでまり》　下野草《しもつけそう》　京鹿子　山芍薬《やましゃくやく》　あやめ　白山吹　二輪草　捩花《ねじばな》 甘野老《あまどころ》　升麻《しょうま》　金糸梅《きんしばい》　大山蓮華　踊子草　都忘れ　丁子草《ちょうじそう》　唐種招霊
実りの供物	枇杷　小梅　空豆　馬鈴薯《ばれいしょ》　筍（真竹）　新茶　キャベツ　さやえんどう ウコギ　新玉葱　蕨　行者にんにく
行事食	柏餅　粽　べこ餅　笹餅　新茶　あくまき　黄飯　けせん団子
祭り	御霊祭　花湯祭　諏訪の御柱祭　練供養会式　青柏祭《せいはくさい》　出雲大社大祭礼 御蔭祭　葵祭　神田祭　黒船祭　三社祭　千団子祭《せんだんご》　伊勢の御田植
禅語	青雲万里心　青山緑水是我家　為君葉々起清風　歩々起清風　青苗滋春雨 開径待佳賓　薫風自南来　松風颯々声　幽鳥弄真如　白雲起峰頂

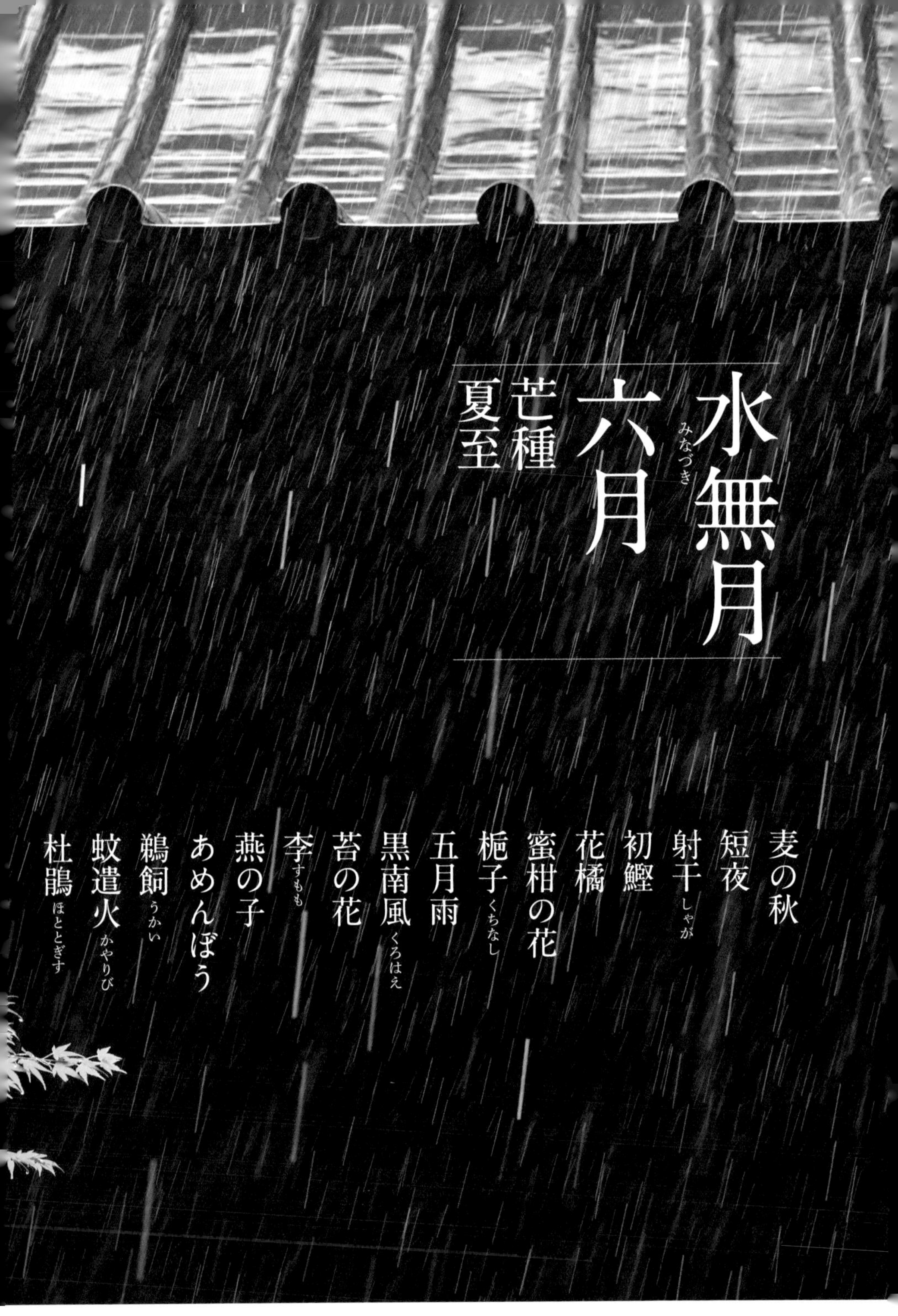

水無月《みなづき》
六月

芒種
夏至

麦の秋
短夜
射干《しゃが》
初鰹
花橘
蜜柑の花
梔子《くちなし》
五月雨
黒南風《くろはえ》
苔の花
李《すもも》
燕の子
あめんぼう
鵜飼《うかい》
蚊遣火《かやりび》
杜鵑《ほととぎす》

梅雨のしつらい

【六月十日頃】

十薬《じゅうやく》と苔

山苔を敷き詰め、祖霊や田の神が宿る山に見立てる。花盛りを迎えた十薬（和名ドクダミ）を山苔の裾野に差し入れて。湿度が高く、疫病も流行りやすい梅雨時季の邪気払いに。

紫陽花《あじさい》節供《せっく》

【六月一日、六のつく日、七月の土用の丑の日等】

紫陽花を長めに切り、半紙で包む。願い事を書くことも。水引で結び、門守りとして玄関や軒、お手洗いなどに吊るす。紫陽花守りは、土地によりその縁起は異なり、病い除け、商売繁盛、お金に恵まれるなど。唱えことばは「今日のよき日にあじさいわいの金袋、紫色ぞ我がものと思え」など。

門《かど》守《も》り

門口とは、家の出入り口である玄関や、家と外の境界にある門などのこと。門守りとはその門口に、置いたり掛けたりする邪気や災いを除けるためのまじないの道具です。様々な境界線を守るために、たくさんの門守りが生み出されます。紫陽花守りをはじめ、節分の柊鰯や、お正月のしめ飾りも門守りの一つです。今となっては珍しくなってしまったものに、貝やにんにく、蜂の巣や蟹の甲羅、ハリセンボンなどがあります。言霊や、匂い、その形などにより呪力を持つと考え、外と自分たちが居る場所の間に結界を張りました。祈りを込めたもの、目に見えないものに日々を守ってもらいながら、自らの力を発揮するための支えを目に見えるかたちにする、そんな暮らしがありました。

◆紫陽花守りの作り方

①紫陽花の枝を長めに採る。
②葉を落とし、半紙や障子紙で巻く。
③根元を水引や麻紐で結ぶ。
④包みの中に願い事をしのばせても。

早苗と栗の花

早苗を束ね、精麻で結び、高杯にのせる。手前の花供物は、盛りを迎えた栗の花。栗は稲作が日本に根付く前から自生する主食の一つ。遠い昔から続くものを重ねた意匠に。

さなぶり

水口祭《みなくちまつり》

【六月下旬〜七月上旬頃】

さなぶり、さのぼり、あるいはシロミテと呼ばれるのは、田植えを終えた際の行事です。無事に田植えを終え、田の神さまも山や天に戻ると考えられています。ちなみに田植えのはじまりは「さおり」「さびらき」といいます。

昔、田植えは、皆で手伝い合い、順番に広い田んぼに早苗を植えていくものでしたから、植える日は家により少しずつ違っていました。多くは六月下旬から七月上旬に行われました。田植えをする者たちのために小さな宴を催し、お供えには苗の束やぼた餅、旬の果物や作物などを用意します。

茅《ち》の輪《わ》飾り

根のところがほんのり赤みを帯びた茅を輪に結んで。奉書の紙垂を添えて、神事のしるしに。

夏越《なご》しの祓《はらえ》

【六月三十日】

夏越しの祓は、名越祓、六月《みなづき》祓、荒《あら》和《にこ》の祓とも呼ばれる大祓です。大祓は半年に一度、六月と十二月に行われます。現在、十二月の祓は、年末年始の二年詣などと重なり、目立たなくなりましたが、大晦日の日にも夏越しの習わしの一つである大きな茅の輪くぐりを行うところもあります。

茅の輪くぐりは、穢れや災いを払うものです。『備後国風土記』に登場する蘇《そ》民将来《みんしょうらい》が茅の輪を腰につけていれば、疫病が流行っても無事でいられるという伝承に由来しています。茅の輪はくぐるだけでなく、逸話通り小さな輪を腰につけたり、門口にかけたり。自分の身体を通せる程度の輪を交代で頭の上から下へ通す方法が、平安時代の資料などに見ることができます。ほかにも悪疫の流行りやすい夏を無事に過ごすため、人形に穢れを託し、身代わりになってもらう形代や、海水で清めたり、切麻、解縄、自祓いなど、夏越しには様々な習わしがあります。

菅貫《すがぬき》

一人の身体が通りぬけられる程度の茅の輪に仕立てる。輪を頭から足まで通し、半年の邪気払いをする道具に神聖な力を持つ常緑の榊を添えて。

茅の輪飾り

昨年収穫した藁で軸を拵え、茅で輪を包む。実りを象徴するものを中心に、古来邪気払いの力を持つと信じられた茅で巻くのは、過ぎゆく半年に感謝を込めて、来る半年への願いを込めたもの。

大幣《おおぬさ》

時節の青竹に大幣を仕立て、神籬(ひもろぎ)に見立てたもの。神籬とは聖なる力を招くもの。奉書の紙垂を下げ、頂に常緑の榊を据える。台は石臼。

嘉《か》祥《じょう》の日《ひ》

【六月十六日】

嘉祥のことばの意味は「めでたいしるし」。嘉祥の日には、厄除と福を招くために菓子を食べました。室町時代には贈答として饅頭が配られていましたが、盛んになったのは、江戸時代のこと。江戸城の大広間に二万個に及ぶ羊羹や饅頭などの菓子を並べ、これを将軍からの賜り物とする習わしがあったことが、絵図などに残っています。将軍自ら菓子を配ったという、気持ちの入れ具合。

旧暦で数えれば厳しい暑さと重なることから、夏の暑さを払うために餡などで栄養を摂るという意味や、当時はカロリーのあるものを薬として捉える傾向がありました。いずれにせよ、菓子といえば大変贅沢なものだったでしょうから、庶民の行事になるまでは年月がかかりました。現在は、和菓子協会が「和菓子の日」として定め、嘉祥にちなむお菓子などをいただくことができます。

古典の菓子

米や麦などの粉をこねて団子や様々な形にして油で揚げる。菓子の源流を象ったもの。梅枝(ばいし)、桃枝(とうし)、桂心、ぶと、捻頭(むぎかた)、索餅などの名がある。

梔子《くちなし》

香り高い梔子の花を籠に入れて。

定家かづら

藤原定家にちなむ蔓の花。山肌から花びらを落とし、山中を彩る。芳香とともに、蔓の景色を愛でる。

枇杷《びわ》

たわわに実りを見せる枇杷の実と、厨子(ずし)を合わせて。

泰山木《たいさんぼく》

天上に向かって花開く泰山木の花。水無月の花らしく大輪から強く香り、あたりを包む。

祈りのかたち❻

植物の信仰 1

草花

行事や習わしでは、様々な草木花を呪力や神聖な力のはたらくものとして用います。よく知られているものには、節分の柊、上巳の節供の桃、端午の節供の柏葉、夏越しの祓の茅、七夕の笹、お盆の蓮の葉、月見の薄《すすき》、重陽の節供には菊、そしてしめ縄の青藁などがあります。上巳の節供の桃のように、植物そのものに意味づけがあるものについては、用いる草花の種類は桃、と限定的ですが、たとえばお盆にお供えする盆花や、精霊馬《しょうりょううま》に使う素材や、月見の十五夜花などについては、従来、その土地土地で旬を迎えたものを、力の宿る植物として用いたものでした。

現在はネット販売などである程度自在に花材が手に入る一方で、その土地ならではの草花を楽しみながら摘み、手に入れること自体が難しい地域が多くなりました。その結果、呪力を持つものとして添える植物も、限定的な種類に決まっていく傾向にあります。

さて、草木に神聖な力や呪力があるとした理由は千差万別で、菖蒲湯の菖蒲と蓬などや、重陽の節供の菊や、節分の追儺の白朮、お屠蘇など、実際に生薬として「薬効」を認める類のものはもちろん、たとえば柊や、榧のちくちくとする葉を災いを除けるための「武器」に見立てたものだったりします。また、節分のしつらいに用いる海桐花《とから》や笹などは、燃やした時や揺れる際に鳴る「音」に呪力を意味づけたもの。そして高《こう》野槙《やまき》や樒《しきみ》などには、放つ「芳香」が邪気を払うという信仰があります。ほかにも、難を転じるという「ことば」と同音の南天や、邪気を払う力があると考えられてきた「色」の赤い実、そして厳しい冬の寒さの中でも生命力の象徴である緑色を保つ葉を持つ「常緑」のものなどがあります。

祈りを支える草花への信仰は、薬効、武器への見立て、音、芳香、ことば、色など。人間が持っている五感や感性が豊かに動く暮らしの中で、生まれたものだろうということが伝わってきます。

行事としつらい　覚え書き　六月

行事	衣替え　入梅　夏至　父の日　山開き　夏越しの祓　嘉祥の日 時の記念日　蛍狩り　沖縄慰霊の日　さなぶり
草花	鉄線　狐の牡丹　未央柳《びようやなぎ》　岡虎の尾　蛍袋　笹百合　擬宝珠《ぎぼうし》 空木《うつぎ》　梅花空木　露草　待宵草　栗の花　泰山木　紫陽花
実りの供物	さくらんぼ　野苺　青梅　杏　メロン　アスパラガス　冬瓜《とうがん》 らっきょう　新生姜　茗荷　大蒜《にんにく》
行事食	水無月（和菓子）　氷餅　蛸　朴葉寿司　ふきだわら
祭り	貴船祭　花田植　熱田祭　百万石祭　住吉の御田植　江戸浅間祭 チャグチャグ馬コ　三枝祭《さいくさのまつり》　鞍馬の竹伐り会式　紫陽花祭　聖ヨハネ祭
禅語	竹有上下節　山是山水是水　水上青々翠　千星同風 雲収山岳青　遠山無限碧層々　白雲抱幽石　雲行雨施　雨滴聲

文月《ふみづき》

七月

小暑

大暑

青田
日傘
滴り
浴衣《ゆかた》
打ち水
夜店
心太《ところてん》
風鈴
金魚
花氷
日向水《ひなたみず》
空蝉《うつせみ》
夜光虫
桃葉湯《とうようとう》
夕顔
睡蓮

七夕の形代

織姫と彦星に見立てた染紙の形代を笹にのせて。半紙でこよりを拵え、笹に結ぶ。盆のしたくの禊と、星伝説を合わせたしつらいに。

七夕《たなばた》

【七月七日、八月七日等】

七夕は、江戸幕府が定めた五節供の一つです。古くは八世紀の法律、養老律令でもすでに節日の一つとして記されており、中国の星祭りとして牽牛と織女の話が伝わっています。二星が一年に一度だけ天の川を渡るという逢瀬の語りは、現代を生きる私たちにとても共感しやすいお題です。現在、七夕といえば子どもたちや恋人たちのための星伝説一色となっているようなところがあります。

外国の習俗や信仰、宗教がその国に根づく場合には、元々その土地に似たような、あるいは同じような時期に何らかの風習がすでに存在するケースが多いものです。七夕の時期も日本では、水辺の機屋で神の訪れを待ち、共に過ごしたという棚機女の信仰があったとする折口信夫の説や、七月七日を「七日盆」と呼んで、お盆のしたくが行われてきました。お盆の一週間前のしたくと七夕が習合したようなかたちの習わしが今も全国各地にあります。

七夕の紙衣《かみごろも》
七夕人形

七夕の習わしの一つ。
紙や布、木などで、人や着物のかたちに。

オルスイさん

各地に広がる七夕人形の一つ、オルスイさんを染紙や半紙で拵える。軒や部屋に吊るし、願いを託す。人形から下がる紙折りは幣として。七夕を終えた後は、留守や家を守るお守りとして箪笥にしまう。

七夕飾り 折切子

七夕飾りの一つ、折切子。その頂に生花と山茶花の枝葉を添えて。

◆舟の信仰

舟を象るしつらいは、災いや穢れ、疫病など起きてほしくないことを乗せて流す、あるいは目に見えない大切なものを運ぶなど、時代を超え、様々な行事の中で、その役割を果たしてきました。舟が頻繁に登場するのは、もちろん日本という国が小さな島国であり、海が身近な土地が多いこと。そして豊かな川、水に恵まれていたからこそ、多くの舟の信仰が生まれたのでしょう。また日本人のルーツを辿ると、陸地を伝うよりも、多くは約三万年前に海を渡ってきたといわれています。舟に対する信仰が広がっていることと、もしかすると関係しているのかもしれません。

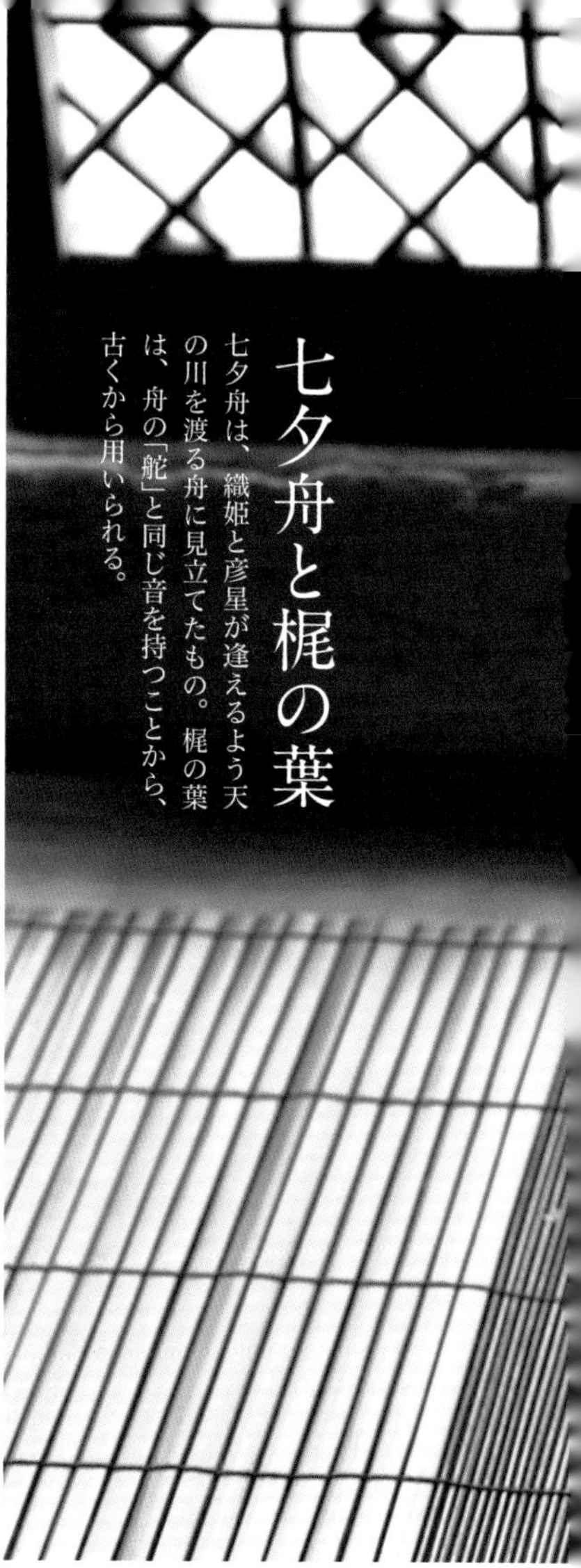

七夕舟と梶の葉

七夕舟は、織姫と彦星が逢えるよう天の川を渡る舟に見立てたもの。梶の葉は、舟の「舵」と同じ音を持つことから、古くから用いられる。

素麺結び

万物を表す五行にちなむうものとして五つの色の素麺を紅白の水引で結び、高杯にのせ、梶の葉を置く。素麺は小麦の実りを祝うしるし。

里芋の雫《しずく》

里芋の葉に降りた夜露や朝露で墨を摺り、書いた願い事は叶うという言い伝えより。「露」そのものに呪力があり、たとえば紅葉の色を一晩にして変えるのも露の力だと信じられていた。七夕では天の川の雫とする。

七夕花扇

撫子、姫檜扇水仙、笹、槙の花。七夕になると近衛家から宮中に献上したという花扇をお題に。縁起を担ぐ末広がりの扇形にし、檀紙で包み、精麻で結ぶ。

眠り流し

【七月七日、八月七日等】

眠り流しは、暑さ厳しい夏の日、訪れる睡魔を払う行事です。七夕行事の一つとして行われてきたもので、水浴びをしたり、泳いだりする習わしがありました。東北各地で行われてきたねぷた祭も、眠りを覚ます邪気払いのかたちが由来だという説があります。

　また、この日は、人のかたちに見立てた形代を灯籠や笹竹、藁などで作った舟にのせて、海や川に流す習わしもあり、七夕の日がお盆のしたくをする日だったことのしるしだと考えられています。

　合歓《ねむ》の木枝を使って身体を撫で、睡魔を払う風習が生まれたのは、「ねむり」と「ねむ」の音が通じていること、そして、眠るように閉じる葉の動きがあるから。暑気に対する自分の体感や、自然現象に目を向けて暮らしていたから生まれたものです。

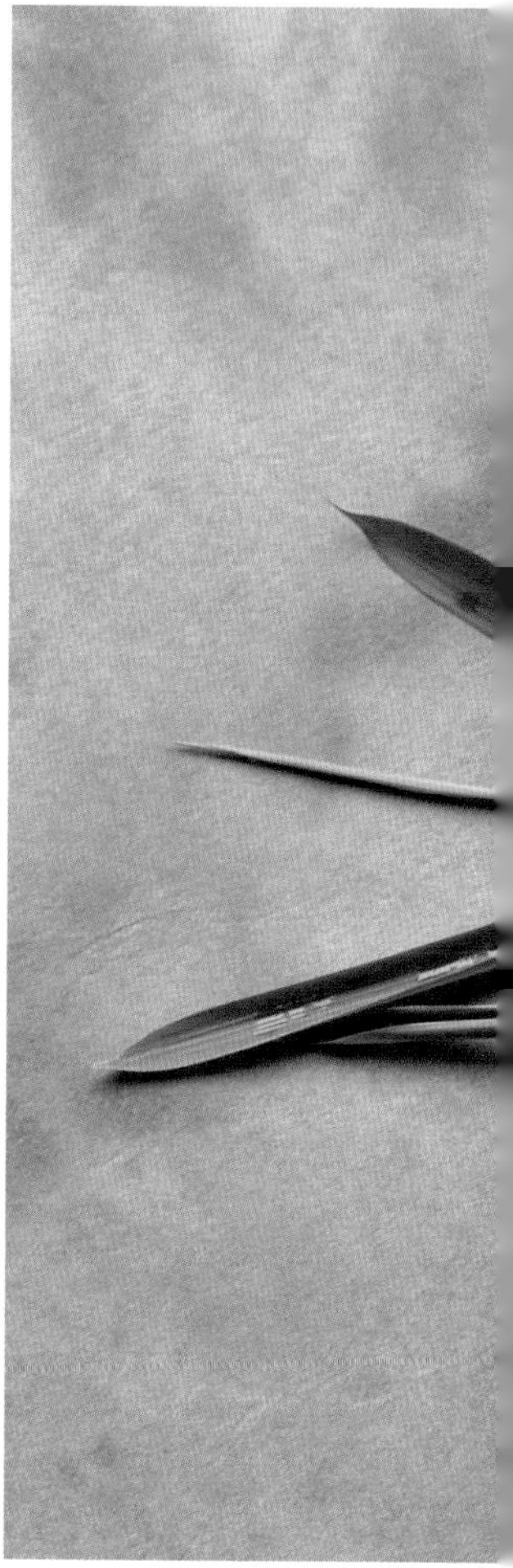

合《ね》歓《む》の木結び

花開く合歓の花枝を、睡魔や暑気除けに。上右は奉書の草花結び。左は、大鉢に生けたり、榊立てに挿したもの。

青供物《あおくもつ》

青々と生い育つ田の稲の行末の無事を祈る、青祈祷のお供えものは青栗、青柿、青梅の実。杉の八寸に並べ、同じ色彩のものを選んで、呪力を授かる。

青祈祷《あおぎとう》

【旧暦六月初丑の日等】

青祈祷は、ぐんぐん青稲が真っ直ぐに育つ頃、その成長の無事を願って祈祷する田の祭りの一つです。青々と背を伸ばした稲の上を、神社のお札などを用いて振り回します。古くは、旧暦の六月の初丑《はつうし》の日を「丑の日祭」と呼んで青祈祷するところがありました。

ようやく田植えを済ませたあとの、見事な田んぼを眺め、見守っていると、台風や日照り、虫の害など様々な災いを通り抜けて、どうかこのまま無事に育ってほしいと誰しもが祈るような気持ちになるものです。青箸の日と呼んで、薄《すすき》や茅などの茎を使ってつくった箸で、新小麦で打ったうどんをいただくところもありました。

忘れ草

忘れ草は、ノカンゾウ、ヤブカンゾウなどの古名です。『万葉集』や『古今和歌集』の中に、故郷や愛しい人、恋人への思い、憂いを忘れさせる植物として登場します。憂いを忘れさせる、という言い伝えは、元々中国から伝わってきたもの。

衣服の紐などに結んで、辛いこと、悲しいことから気持ちを切り離し、日々を生きるための心のはたらきや古の人の息遣いが伝わってくる習俗です。

忘れ草　我が紐に付く　香具山の
古りにし里を　忘れむがため

大伴旅人

（忘れ草を私の衣の紐につけています。
香具山にある懐かしい故郷を忘れるために）

忘れ草　我が紐に付く　時となく
思ひわたれば　生けりともなし

よみひとしらず

（忘れ草を私の衣の紐に結んでつけています。四六時中
あの人のことを思っているので、とても心が苦しいのです）

忘れ草のしつらい

古の人の俗信、忘れ草に見立て、帯の上に紙を敷き、ノカンゾウを添える。空気や流れを切り換えるためのしつらいとして。

百合《ゆり》

すっくと背を伸ばして開き、夏のはじまりを知らせるのは百合の香り。古い薪の上にのせ、可憐な姿を引き立てて。

姫檜扇水仙《ひめひおうぎすいせん》

明るい朱色の花を順々に開いて、新暦の七夕の時期を知らせてくれる。透かしの利いた和紙の前に野のままに入れて。

木槿《むくげ》

夏の一日花。大ぶりだが繊細な花は、はかなく一日で閉じる。落ちた花は大地を彩る。ガラスの器に長めの枝を入れて。

祈りのかたち❼

習合の国

日本では、初詣や七五三、お墓参りなど、信仰は生活の中に深く溶け込んでいます。しかもあまり宗教的、信仰的なことを行っているという意識がなく、文化や社会的な習慣として捉えているようなところがあります。「習合」とは、宗教や哲学上、異なる複数の教義や説などが溶け合い一つになる、というような意味です。たとえば、日本では「神仏習合」ということばがよく知られ、約一〇〇〇年という長い長い歴史がありましたが、国の政策によりお寺と神社は「神仏分離」スタイルとなりました。それでも日常では、神道、仏教だけでなく儒教、陰陽五行でお馴染みの道教、そしてキリスト教など、とかく多様な信仰が混じり合う中で暮らしています。

ちなみに外からやってきた信仰と土着のものが習合する時は往々にして、元々その土地で似た意味のある慣習が行われていたり、あるいは同じ時季に何かしらの行事を行っていたという場合が多いものです。仏教行事の釈迦の誕生日の時期には、野山で草花を集め、ご先祖さまや山の神を祀る行事が行われていましたし、中国から伝わる上巳の節供の時期には、海や山に出かけ邪気を払う習わしがありました。また、クリスマスの頃に弘法大師が家々を訪ねて歩く、という信仰があったことを興味深く思います。ハロウィンのように子どもたちが集まり家々を訪ね菓子などをもらい歩くのは、七夕やお月見、お正月など、あらゆる行事で馴染みのある習慣でした。こうして、習合のかたちは様々ですが、どちらかというと日本では併存、あるいは共存するというケースが多くなっています。

もちろん、習合は世界中に見られ、たとえばキリストの誕生としてのクリスマスの時期には、太陽信仰のミトラス教などの冬至祭がありましたし、キリスト教の聖人を祝う万聖節には、死者の霊を祀るハロウィンがありました。

年中行事の習わしや、決まりごとの随所に見える古くからの信仰を受けとめつつも、自由に旅をするようにその本質をさぐり、今の心と符合するものを感じながらしつらいに表していく。現代だからこそできる醍醐味のある行事の一つの姿ではないかと思います。

行事としつらい 覚え書き 七月

行事	梅雨明け　ほおずき市　朝顔市　七夕　半夏生《はんげしょう》　土用　土用の丑の日 中元　暑中見舞い　暑気払い　お盆　海の日
草花	禊萩　露草　河原撫子　弟切草《おとぎりそう》　待宵草　風露草《ふうろうそう》　木槿　犬蓼　夏椿 仙人草　檜扇　靫草《うつぼぐさ》　昼顔　虎杖《いたどり》
実りの供物	無花果《いちじく》　デラウェア　桃　まくわ瓜　すもも　小玉西瓜　玉蜀黍《とうもろこし》 夕顔　苦瓜　葉生姜　胡瓜《きゅうり》　十六ささげ　葉唐辛子
行事食	素麺　七夕菓子　鱧料理　うなぎ　土用餅　土用蜆　甘酒　索餅《さくべい》
祭り	祇園祭　四万六千日　塩竈みなと祭　那智火祭　すもも祭　恐山大祭 御手洗《みたらし》詣　天満祭　阿蘇祭　愛宕の千日詣
禅語	牛女年々渡　洗世塵　山光澄我心　曹源一滴水　清光無何処 夏雲多奇峰　清流無間断　竹葉々起清風　洗心甘露水

葉月《はづき》
八月

立秋
処暑

桐一葉
星月夜
天の川
草市
門火
灯籠
大文字
解夏《げげ》
線香花火
新涼
流星
西瓜《すいか》
稲の花
新豆腐
地蔵盆
芭蕉

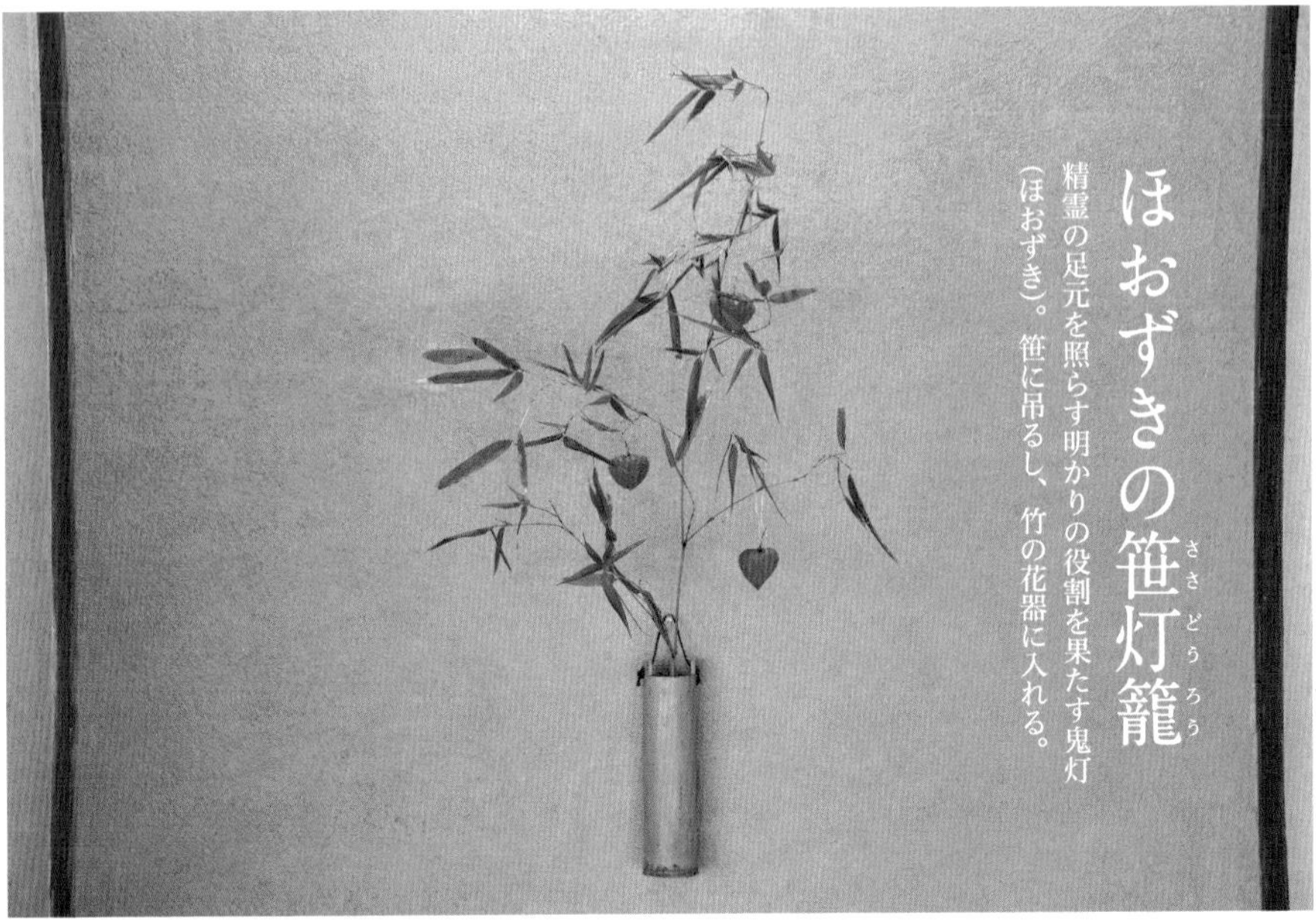

ほおずきの笹灯籠《ささどうろう》

精霊の足元を照らす明かりの役割を果たす鬼灯（ほおずき）。笹に吊るし、竹の花器に入れる。

迎え火
送り火

祖霊やご先祖さま、親しい人の霊が訪ねてくる際に迷わぬ目印として、暗闇を照らす明かりとして、火を焚く。材料は松、白樺の皮、麻の茎など。送り火はお見送りの火。

盆《ぼん》

【七月十五日、八月十五日等】

お盆は、新暦の七月十五日をはじめ、月遅れの八月十五日、あるいは旧暦に行います。精霊会、盆、お盆、魂祭や仏教行事として盂《う》蘭盆会《らぼんえ》とも呼ばれています。盂蘭盆の由来は、サンスクリット語のウランバナ（倒懸）すなわち逆さまに吊るされる苦しみとされてきましたが、現在はイラン語系のウルヴァンで「霊魂」だとする説が、通説になっています。『日本書紀』の六〇六年、「是年より初めて寺ごとに、四月八日、七月十五日に設斎《をがみ》す」とあることから、灌仏会とともにかなり古い時代から行われていたことがわかります。実際に家で行われてきたお盆には様々な考え方がありますので、お寺と家のお盆は分けて捉えたほうがよいかもしれません。全国各地には、多様な考えやお供えのかたちが今も見られ、迎え火をしてご先祖さまや、祖霊をお迎えし、お供物をしてもてなし、送り火を焚いてお見送りするなどの習わしがあります。

蓮の葉に供物

仏教に由縁のある蓮の葉を器にして、精霊にお供えするためのお供物をのせる。蓮の花、鬼灯、果物を。

◆精霊の乗り物

お盆では、ご先祖さまや祖霊を迎えるための乗り物を準備します。できるだけ速く帰ってきてもらうために、速く走ることができる馬を胡瓜で、また、できるだけ家でゆっくりしていってもらうために、帰りはゆっくり歩く牛を茄子でつくるなど、気持ちや心配りを象に表します。藁、真菰、茅、胡瓜など、用いる素材やかたちも多種多様で、足に使う素材も割り箸や麻の茎などで、工夫を凝らし、目に見えない存在を大事にする気持ちが表れています。興味深い乗り物は茗荷《みょうが》でつくる茗荷鳥です。足には爪楊枝を使います。

精霊馬

精霊を迎えるための精霊馬を真菰で拵える。灯りはほおずき、旬のりんご、葡萄、風船葛を添えて。

盆舟と供物

真菰を結んで舟に見立てた敷物にお供物をのせて。お供物には、その時節、その土地土地で一番美味しい旬のものを。

茗《みょう》荷《が》鳥《どり》

旬のお供物に茗荷鳥と精霊馬を添えて。二本足と尾に見立てた芯で立たせる。

盆菓子

落雁を積み上げた形の盆菓子は秋田県のもの。精霊やご先祖さま、祖霊がいるといわれている山や天上に届きますように。

茅の盆舟

夏越しの祓でも用いる茅で舟を綯う。舟に使う植物により趣は異なり、茅は繊細な舟に。お見送りを終えたら、お供物を舟で包み、川や海に流す、あるいは丁寧に半紙などで包み、処分する。

盆

真菰の盆舟

真菰の根の方で舟を拵え、先端を帆に見立て、形づくる。蔓ものの植物を掛け、あの世とこの世を結ぶ架け橋に。

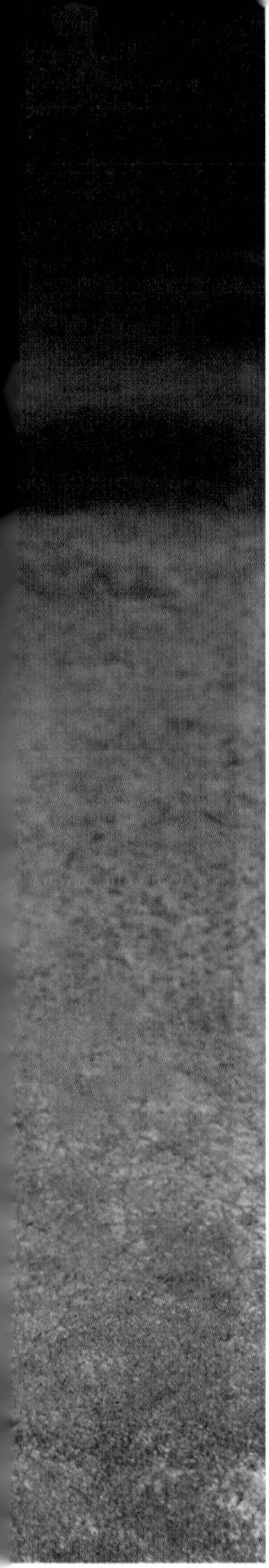

浜茄子《はまなす》の数珠

浜茄子の実を見繕い、糸を一つ一つ通して数珠にし、祖霊やご先祖さまの霊にお供えする。東北や北海道、そしてアイヌ民族の習わしとして伝わるもの。

鏡天《かがみてん》

天草で寒天を作り、鏡面が出るように象る。仏さまや自分の内面を映し出す鏡に見立てたもの。東北などに伝わる盆のお供物。

砂盛り

川や海の砂を玄関前などに盛り、お供えや花を添え、麻茎の梯子をかける。

禊《みそ》萩《はぎ》

盥(たらい)や白皿などに水を張り、禊萩を水に浸ける。禊萩を使って水を掛け、お迎えするための場を清める。

蓮のお供茶

大きな蓮の葉に薄茶をのせて。お供茶として用意されたもの。

◆無縁仏

お盆にお迎えする存在は、ご先祖さまの霊や、親しい人の霊だけではありません。亡くなってから一定年数たつと考えられている祖霊、亡くなったばかりの新精霊、そして戦などで非業の死を遂げたり、子孫がなく縁者のない無縁仏など、地方により呼び名も異なりますが、様々な存在が訪れると考えられてきました。無縁仏のためのお供物も用意します。昔は行き倒れの人も珍しくなく、特に災害や戦の多い時代には、死は身近なものでした。自分とつながりのない無縁の人たちの死に対しても、祀る気持ちが日常にありました。その根底には、きちんと弔いをして、霊を大事に扱わなければ、荒ぶり、災いや疫病を流行らせ祟《たた》りを起こすという考えもありましたが、身近な人の老いや死を通して、限りがあるいのちに向き合う機会が、日々の暮らしの中にありました。

みたま団子と無縁仏のお供物

訪れる祖霊やご先祖さま、みたまのためのお供えものに。みたまの団子に笹を添え、無縁の仏のためのお供物は柿の葉にのせて。

高野槙と禊萩

盆花として高野槙、榊、禊萩を束ねる。

高野槙の水

水を張った器に高野槙を浸け、その水をふりまき、場を清める。

高野槙の依代

大ぶりの高野槙を瓶子に立てて。高野槙は高野山では霊木として保護されている。特有の香りで邪気を払い、高野詣の土産物として知られる。

樹木

樹木の信仰として代表的なものは「松」です。お正月や小正月の飾り物などに現在も欠かすことができません。年神さま、歳徳神などと呼ばれる大切な存在を迎えるための依代や目印として、門松やしめ縄などに用い、正月にはなくてはならぬ存在となっています。山から松などの正月飾りの素材を採ってくる日にも「松迎え」という名がついています。ほかにも「拝み松」や「祝い松」など、様々な依代に松の名が見え、一月一日から七日、あるいは十五日までのことを「松の内」と呼びます。松の音が「神を待つ」の待つに通じること、そして一年の中でも一番厳しい季節、冬の間も、生き生きとした姿を保つ常緑であることや、清浄な香りに満ちていることなどが、霊力があるとされる由縁です。ところが門松と呼ばれていても、実際には松ではない樹木を使うところも多くありました。椿、楢《なら》、栃《とち》や椨《たぶ》、そして竹など、その土地により異なるものでした。考えてみれば、昔は近くの山や野などから採ってきたものを使うのですから、自然なことでした。今でも自然に恵まれた場所では昔通りその土地の樹木を用い、飾りやお供えにしています。年の瀬が近づくと歳の市などで、ずらりと同じ形の松が並んでいるのを眺めるのは清々しいものですが、欲を言えば昔のようにすべての人が自分で伐採してくるのは無理だとしても、様々な形の自然な松枝と出合う機会もあるといいなと思います。樹木の信仰は松にとどまらず、長寿の縁起物「椿」、スサノオが舟をつくれと命じた「椨」や「樟《くすのき》」。生きている化石と呼ばれるほど太古から生息し、古墳から出土する木棺の多くに使われている「高野槇《こうやまき》」は香り高く、盆の供物としても用います。「杉」は、葉で酒林とも呼ばれる杉玉をつくりますが、これは新酒の熟成の具合を図るもの。天を指し示しているかのごとく真っ直ぐに伸びる木姿には馴染みがあり、各地では多くの杉が神木として祀られています。

樹木の歴史や大らかさ、スケールを鑑みても、樹木を使うしつらいは、大ぶりで存在感が引き立つようなものがしっくりときます。

行事としつらい 覚え書き 八月

行事

八朔　広島・長崎原爆の日　お盆　施餓鬼会《せがきえ》
終戦記念日　暑気払い　残暑見舞い　山の日　地蔵盆

草花

女郎花《おみなえし》　藤袴　野紺菊　半夏生《はんげしょう》　禊萩　釣舟草《つりぶねそう》　沢鷹《おもだか》　水引　松虫草
朝顔　芙蓉　犬蓼　虎の尾　杜鵑草《ほととぎす》　玉簾《たますだれ》　鶏頭《けいとう》

実りの供物

西瓜《すいか》　酢橘《すだち》　蟠桃《ばんとう》　新芋（さつま芋）　若牛蒡　トマト　茄子　オクラ
冬瓜　南瓜　唐辛子　糸瓜《へちま》　紫蘇　蓴菜《じゅんさい》

行事食

心太《ところてん》　盆菓子　精進料理　お煮しめ　いとこ煮

祭り

竿灯《かんとう》祭　ねぷた祭　たてもん祭　六道参　星下り大会式
清水千日詣　百八灯　深川八幡祭　三嶋祭　五山送り火
玉取祭　万灯会　吉田火祭　六斎念仏

禅語

行雲流水　一雨潤千山　心静即身涼　山蝉吟樹梢　泣露千般草
独坐大雄峯　燈々無尽　清風満地　涼一味　鉄船水上浮

長月《ながつき》

九月

白露
秋分

秋扇
秋日和
有明
十六夜《いざよい》
菊重
玉兎
重陽
鈴虫
虫時雨
虫聴き
月の桂
赤とんぼ
秋めく
月の鏡
夜露
稲乃香

月見《つきみ》

【旧暦の八月十五日】

十五夜は旧暦の八月十五日です。新暦を使う現代において、旧暦の日付を使って行う稀な行事となります。中秋の名月、観月、お月見など、やはり多くの名前を持ち、中国から伝わってきた中秋節と、昔から行われていた収穫にまつわる祭りなどの日本の習わしが、長い年月の中で重なり合い、様々な姿を見せています。お月見団子も、お供えするお団子の数やかたちが各地により異なり、丸い形だったり、里芋のような形、平らかなものなど、それぞれです。また、十五夜花と呼ばれる月にお供えする草花といえば、一般的には、尾花、すなわちススキが思い浮かぶものですが、従来はその土地土地にある時節の盛りの花を見繕い、月見の花としました。秋の七草に限るわけでなく、たとえば紫苑《しおん》や、吾木紅《われもこう》など、十五夜花も様々でした。

尾花の箸

尾花の穂を取り、葉を整理して茎を二本ずつ同じぐらいの太さ、長さのものを揃えて箸をつくる。箸袋に入れ、稲穂をのせ、折敷の上に。豊作を祈る習わしとして。実際に箸として用いたり、お供物に。

藤袴《ふじばかま》の香

藤袴を束ね、部屋に吊るす。乾くにつれ、生花の時にはなかった藤袴の芳香が、部屋いっぱいに広がる。平安時代には香袋として着物に忍ばせたもの。

奉書の御《み》神《き》酒《の》口《くち》

御神酒口は力を宿すための依代。厚みのある奉書を折り、瓶子に入れる。月の明かりの当たる場所に置く。瓶子には御神酒を入れて直会でいただく。

◆十五夜のお供え

各地の十五夜の過ごし方の多様さには、目を見張るものがあります。しかも、お盆やお正月と並んで今も暮らしの中で息づいているものが少なくないことに、心が躍ります。資料を眺めたり、昔話として耳にするだけでなく、人の思いが通う場面や、お供えされているものを実際に目で見て、その空気を肌で直接感じることができるからです。

あくまでも一部になりますが、各地の十五夜にどんな習わしやお供物があるか具体的に見ていくと、収穫を祈り、大地の力を呼びさます藁鉄砲、実りなどを占うための十五夜綱引き、十五夜花には尾花以外にも吾木紅、紫苑、菊などが見られます。お供物には、団子のほかに、小豆、大豆、けんちん汁、新米、栗、

柿、豆腐、薩摩《さつま》芋《いも》、赤飯等々。作物の実りの祭りだったことが伝わってきます。お供物の台も、里芋の葉、三宝、ススキの葉を敷いたもの、御膳、箕、藁を組んだものなど。今も息づく各地の十五夜をそっと訪ねて歩きたいものです。

月見団子

陶器のかわらけに、団子を積み、傍に花を入れて。軽やかに月見団子のしつらいを。

◆団子の数

十五個の団子を積む場合は、一番下に九個、二段目に四個、頂上には二個を摘む。月見団子に様々なかたちの餅があるように、積む数も家により色々。

月見

月見飾り

積み団子の落雁を高杯に置き、野菊と竜胆（りんどう）をあしらい、月見のしつらいに。瓶子には、まだ残る禊萩と桔梗を合わせて。

御神酒口

御神酒口は御神酒の入った徳利や瓶子の口に差し、呪力を宿すためのものです。十五夜に限らず、お正月や桃の節供、端午の節供などに合わせて用いられました。古い絵図を眺めていくと様々な行事に登場しています。素材は紙、笹竹、植物の葉、小枝など。竹の細工ものなどは、見事な腕を持つ職人が減り、手に入れることのできる機会が少なくなりました。

笹竹の御神酒口

兎型の笹竹の御神酒口を瓶子に入れて。旬のがまの穂と一緒に三宝に置く。

兎の箸置き

お月さまに住む兎に見立て、紅白の奉書を折って箸置きを。耳に紅をのぞかせて愛らしく。

【月見】

白い月餅

蒸した米粉を月餅の型に入れて、中は小豆餡。月の白色に見立てた月餅に。月餅は中国から伝わる団欒の印。

◆兎の箸置きのつくり方

①紅白の奉書を二つに折る。
②さらに半分に折り、三角に開く。
③裏返して同じように開く。
④表の両端を折り上げ、裏も同じように折り上げる。
⑤耳になる部分を谷折りし、紅の部分を押し広げる。
⑥写真のようにする場合には両脇を中に折り込む。

秋《あき》のお彼《ひ》岸《がん》

【九月二十三日頃、前後の七日間】

お彼岸は、日本独自の行事です。お寺で行う仏教行事であっても、インドや中国では見ることがありません。春と秋の両方にあり、半年に一度ずつ巡ってきます。秋のお彼岸は、秋分の日を真ん中にして前後合わせて計七日間。ただし、江戸の天保暦以前は、秋分を目処にするのは同じでも、時代によって日取りは異なっていました。

一説に彼岸とは、原始的な太陽への信仰の名残であり、日への願から「日願」＝「彼岸」だという説もあります。春分の日が自然をたたえ、生物をいつくしむ日であるのに対し、秋分は祖先を敬い、亡くなった人々をしのぶ日という

秋の五色団子

万物を構成する要素とされる五行を、色で表す五色に。米粉を蒸した団子を、梔子、抹茶、胡麻、紫蘇などで彩りを。

意味づけをされていることも、季節に対する思いが盛り込まれているようで、興味深いことです。「暑さ寒さも彼岸まで」ということばがあるように、季節の大きな節目。昼と夜の長さがほぼ同じになり、太陽の光や暗闇の長さが、日々の暮らしだけでなく、心根に響くものなのだと、あらためて意識する時季となります。

野葡萄《のぶどう》

そろそろ実の色づきはじめる野葡萄の実を朱塗りの杯に入れて。一枝に様々な色味の実りを見せる。

花縮砂《はなしゅくしゃ》

ジンジャーリリーとも呼ばれる香り高き花。一つ花を部屋に置くだけで部屋いっぱいに香りが満たされる。鉢に水を張り、花を浮かべ、葉をそっと添えて。

葛の花《くずのはな》

蔓の葉の頂にいくつも咲いている花を集め、かわらけに。甘い蜜を伴い咲く秋の七草の一つ。

秋の七草

秋の七草は時代により注目された種類が異なる。尾花、竜胆、吾木紅　藤袴など、その土地で手に入るものでよいものを。

祈りのかたち⑨

月を待つ

ふいに見上げた夜空に思いがけず、趣のある月がぽっかりと浮かんでいるのが偶然に目に入った時など、訳もなく嬉しいものです。自然に空を仰ぐ姿勢になるせいか、胸も広がり呼吸もゆっくり深くなります。ちなみに古の人たちにとって月とは、暦や祭りの目処として生活に欠かせないもの、そして時に恋しい人に会いに行くための大切な明かりでした。夜道を照らす月を、今か今かと心待ちにする胸の高ぶりは、現代の私たちとは比べようのないほど強いものだったに違いありません。お盆の習わしなどで、精霊を迎えるために鬼灯を明かりに見立てしつらうのも、月のない漆黒の闇の深さを知っているからこそ生まれたものでしょう。二十四時間、明かりの灯る街があり、スマホのボタン一つで明かりを点けることができる私たちは、自然の暗闇を知らずに生きています。月という星に向ける祈りも時代により変わりゆくものなのだと思います。

さて、十五夜や十三夜に限らずごく近い時代まで、たとえば十九夜、二十一夜、二十三夜、二十六夜などの月の出を待ちながらお供えをして、飲食をしたり念仏を唱える「月待ち」という風習が全国に広がっていました。江戸時代の行事の風習の資料『諸国風俗問《とい》状答《じょうこたえ》』には「月待、日待、庚申待、子待、巳待の類、農家にて村々ごとに打寄、其年の作柄から豊凶に付ての物がたり、農事の仕方、子孫若きもの共教へ導候」とあるように、昇ってくる月を待ちながら、様々なことを相談し、雑談する中でコミュニティのつながりを深める時間であったことがうかがえます。その一方で、信仰よりも賭博や遊楽の行き過ぎた遊びの場となっていくむきもあったようです。ともすれば道を外れてしまいがちな人間の性質は、今も昔も変わらないものなのでしょう。さて、月といえば兎ですが、現在、日本では餅をついているとするのが一般的です。古の中国ではたとえば李白が「白兎薬を搗きて秋復た春」と詠んだように兎がつくっているのは薬です。日本でも最古の刺繍工芸品といわれている「天寿国曼荼羅《まんだら》繍帳《しゅうちょう》」の中の月の兎は薬壺の前にいます。

行事としつらい
覚え書き　九月

行事

十五夜　月待ち　新暦の重陽の節供　敬老の日
防災の日　秋分　彼岸　日迎え　社日

草花

秋海棠《しゅうかいどう》　浜菊　狗尾草《えのころぐさ》　蒲《がま》　梅鉢草　桜蓼　田村草　薊《あざみ》　竜胆　桔梗
秋の麒麟草　彼岸花　玉簾　鶏頭　女郎花　へくそかずら

実りの供物

かぼす　梨　巨峰　無花果　とんぶり　明日葉　枝豆　蓮芋　芋茎　生姜

行事食

菊花酒　御萩　月見団子　月見豆腐　月餅　芋煮

祭り

おわら風の盆　鹿島神幸祭　気比の長祭　芝明神祭　筥崎放生会　鶴岡八幡祭
八幡放生会　蘆花祭　泣角力《なきずもう》　太宰府天満宮神幸式　十字架挙栄祭

禅語

月白風清　松菊万年歓　江山風月主人　清風払明月　壺中日月長
秋声満萬野　水和明月流　月印水水印月　秋来草有声

神無月《かんなづき》
十月

寒露
霜降

秋高し　木の実
薄紅葉　石榴《ざくろ》
桜紅葉　梨
初茸　吊るし柿
新米　野葡萄
稲雀　後の月
豊年　野菊
色鳥　薬掘る

古竹に竜脳菊《りゅうのうぎく》

古びた竹の器の頂に、竜脳菊を入れて。触れると花も葉も香る野菊の一つ。重陽の習わしの一つ「登高」を象るものに。

重陽《ちょうよう》の節供《せっく》

【九月九日／旧暦の九月九日等】

五節供の一つ、重陽の節供の日付は九月九日です。新暦を使う現代において、残暑もまだ厳しい頃となりますから、季節的には月遅れの十月九日、旧暦の九月九日に楽しむことをおすすめします。またの名を重九、一般的には菊の節供、あるいは栗の節供、後の雛などと呼ばれます。古代中国では野外で菊花酒を飲み、茱萸袋《ぐみぶくろ》という呉茱萸《ごしゅゆ》の入った袋を肘に掛けるなどして、邪気払いとしたり、山などの高いところに登り、菊酒を飲んで災難を除ける習わし「登高」を行っていました。古き中国から影響を受けた日本でも菊酒を飲み、また菊に被せた綿で身体を拭い、不老長寿を願う若返りのための習わしがありました。人々の暮らしの中では、ちょうど田畑の収穫を終えて一休みする時期にあたることから、各地でおくんちと呼ばれる収穫祭や栗を贈る習わしが見られました。

大菊の葉に書

大菊の中でも大ぶりの葉を選び、お経を写す。経文を菊の葉に書き記しておいたところ、葉に滴る露が霊薬となって不老長寿を得たという、お能でもお馴染みの「菊慈童」にちなむもの。

大菊の着《き》せ綿《わた》

角真綿で拵えた真綿を、大菊の花に被せ、着せ綿に。重陽の前夜に外に出し、夜露、朝露を含んだ真綿で肌を拭うためのしたく。

◆真綿をひく

角真綿《かくまわた》は、お蚕さんからつくられた絹の綿。角真綿の両端をつかみ、そっと引き伸ばすと、気持ちよく伸びていきます。昔、忍者はこれを蜘蛛の巣に見立て、行方を誤魔化すために用いたという逸話がしっくりとくるような繊細に絡み合う面が出来上がります。伸ばした真綿の下に手を差し込んでみれば、ほんわりとこもる暖かさ。防寒にこれを重ねたものを背中に入れたり、幾重にも重ねて肌掛けや布団にします。

着せ綿籠

大菊に着せ綿を丸く被せ、籠に入れて。赤と黄に染めた真綿も加えて、彩り豊かに。

◆真綿染め

真綿を染める。蘇芳《すおう》は紅色に染まり、奈良時代以前からある染料で、『延喜式』にも蘇芳染めが記されている。黄蘗は黄色に染まり、薬用として陀羅尼助《だらにすけ》にも用いられる。奈良時代の写経の紙は黄蘗で染め、虫の害を防いだ。

菊の香

香炉に野菊を入れて。
葉の香りも楽しむ。

重陽の節供

◆菊の楽しみ

不老長寿や若返りの霊薬として古くから親しまれてきた菊は、品種改良を重ね、色や形も豊かな花。皇室の紋章に用いられる日本の国花です。中国の薬草の古典『神農本草経』には若さを保つ薬草として記されています。食用菊をほぐして菊酒はもちろん、塩と一緒にお風呂に入れても。花をお湯に浸したものをまぶたの上にのせて疲れ目に。温かい菊花茶は香り高く、解熱、解毒、風邪の引きはじめなどに効能があります。

もってのほか

この時期のみ旬を迎える食用の菊。もってのほかを籠に入れて。ゆがいて、さらに鮮やかな紫色に染まる花片と肉厚な趣を楽しむ。

小菊の白湯

コップに小菊を入れ、白湯を注ぐ。菊の白湯で身体を温める。

金木犀の茶

団子と実り

月待ちのお供えにはお団子と、その時節の旬の一番美味しいもの、かたちの美しいとっておきのものを見繕う。洋梨、筆柿にもってのほか（食用菊）を置いて。

月《つき》待《ま》ち

月が出てくるのを待ち、拝む行事のこと。十五夜、十三夜だけでなく、様々な形の月を待ち望む、月待ちの姿がありました。当番制で親族、あるいはご近所の人たちと集まって、時に念仏を唱えたり、飲食したりして、語り合うものでした。十九夜、二十三夜、二十六夜など、地域により行われていた月待ちのかたちは異なり、しつらいやお供えの内容もそれぞれです。また、念仏を唱えたり、庚申講と習合しているところもあり、月待ちは行う意味自体よりも、集まった者が夜な夜な語り合い、決まったものを一緒に食べ、酒を飲み交わし、お付き合いを深める、おしゃべりを楽しむための場でもありました。

月待ちのお供え

月を「待つ」にかけて、山中の松をしつらう。月の力の依代として、奉書の御神酒口を瓶子に入れて。

変若水《おちみず》のしつらい

変若水とは、月の神が持っているという霊水のこと。黄金色の竹を月の依代にして、嵯峨菊を配する。

石榴《ざくろ》と野菊

石榴は吉木として植えれば家が繁盛し、子宝に恵まれる子孫繁栄の象徴とされました。キリスト教では再生と不死に対する希望の象徴。月の信仰と重なることから月待ちのお供えに。

祈りのかたち⑩

しつらいの道具　見立てと楽しみ

しつらいやお供えは、季節や行事にちなむものを用い、願いや祈りを託し、目に見えない心をかたちに表したものです。ここではしつらいに用いる道具の一部をご紹介します。年中行事の由来を辿ると、時代や地域、そして家々により異なっていたことが見えてきます。また同一の人であっても年齢を重ねていくにつれて、物事に対する考え方や願い、そして祈りたいことが変わっていくのは、珍しいことではありません。また、これだけ世の中の変化するスピードが速くなり、今まで以上に様々な考え方が入り混じるようになると、ほかの文化がそうであるように年中行事も想像できないような変容の流れの途上にあるのだと思います。左に挙げたのは、古に触れながらも、自分らしいしつらいを試みていくための道具の一部です。自分の見立てたものに対して何を用いるか、祈りを込める象をどう表すか——。季節や行事が重ねてきた時の流れを感じながら、感性と想像力をはたらかせてしつらいに託します。

【仏具】花立　木魚　おりん　錫杖《しゃくじょう》　経机　散華　数珠　香　かりろく　仏像

【神具】高杯　瓶子　榊立　盃　燭台　桝　三宝　折敷　八寸　房　御簾　笏　精麻　紙垂

【祭具】絵馬　凧　笛　神楽鈴　行灯《あんどん》　提灯《ちょうちん》　火打ち石　面

【生活道具】掛軸　硯　瓢《ひさご》　毛氈《もうせん》　袱紗《ふくさ》　箸　杓子　帯　かんざし　扇　蛤　縄　紐
草鞋《わらじ》　桶　臼　籠　笠　樽　水桶　箕　箒　熊手　瓦

行事としつらい 覚え書き 十月

行事

十三夜　残菊の宴　おくんち　亥の子　十日夜　鹿の角切り
べったら市　ハロウィン　葡萄狩り　栗拾い　衣替え　月待ち

草花

朮《おけら》　釣鐘人参　金木犀《きんもくせい》　背高泡立草《せいたかあわだちそう》　茶　山茶花　十月桜
大菊　磯菊　野路菊　紫式部

実りの供物

林檎　柿　花梨　栗　西洋梨　柘榴　青梗菜　しめじ　木耳《きくらげ》　松茸
椎茸　舞茸　小芋　小豆　新米

行事食

衣被《きぬかつぎ》　茶巾絞り　栗ご飯　菊酒　菊の白湯　金木犀の花茶

祭り

北野ずいき祭　まりも祭　大津祭　金毘羅祭　宇佐放生会　太秦の牛祭
那覇祭　三保羽衣薪能　神嘗祭《かんなめさい》　誓文払《せいもんばらい》　鞍馬の火祭　時代祭　秋の大神祭

禅語

一粒万々倍　山雲海月情　吾心似秋月　開門落葉多　金風吹玉管
秋露如珠　山高月上遅　喫茶去　掬水月在手　水急不流月

霜月《しもつき》

十一月

立冬
小雪

稲穂結び

新米の稲穂を、榊と万両の若い実と束ね、半紙でまとめて精麻で結ぶ。貴重な今年の新米の稲穂を、すべての作物の実りを祝う象徴として。

柿紅葉
蔦紅葉
秋惜しむ
神の旅
炉開き
茶の花
七五三
新海苔
大根干す
帰り花
落ち葉
木の葉髪
時雨《しぐれ》
冬構え
御火焚き

収《しゅう》穫《かく》祭《さい》

収穫祭は、田畑の収穫を無事に終えたことへの感謝と翌年の実りを祈るために行う祭りの総称です。米作りは長い月日がかかり、手間隙と労力がかかるため、その過程を無事終えるたびに、お田植えや、刈り上げなど、お祝いをして節目を設けてきました。喜びを表すと同時に、厳しい仕事を続けていくための知恵や工夫でもありました。日本は南北に長く、気候差もあり、新暦と旧暦が混じり合っているため、収穫祭を行う日付も決まっていませんでした。その年、その土地、その家により、異なる日にお祝いをして暮らしてきたようなところがありました。現在は町の中から田畑が消え、自分で食べるものをつくる人が減ったため、収穫祭に対する思いも変わってゆく途上にあるのだと思います。

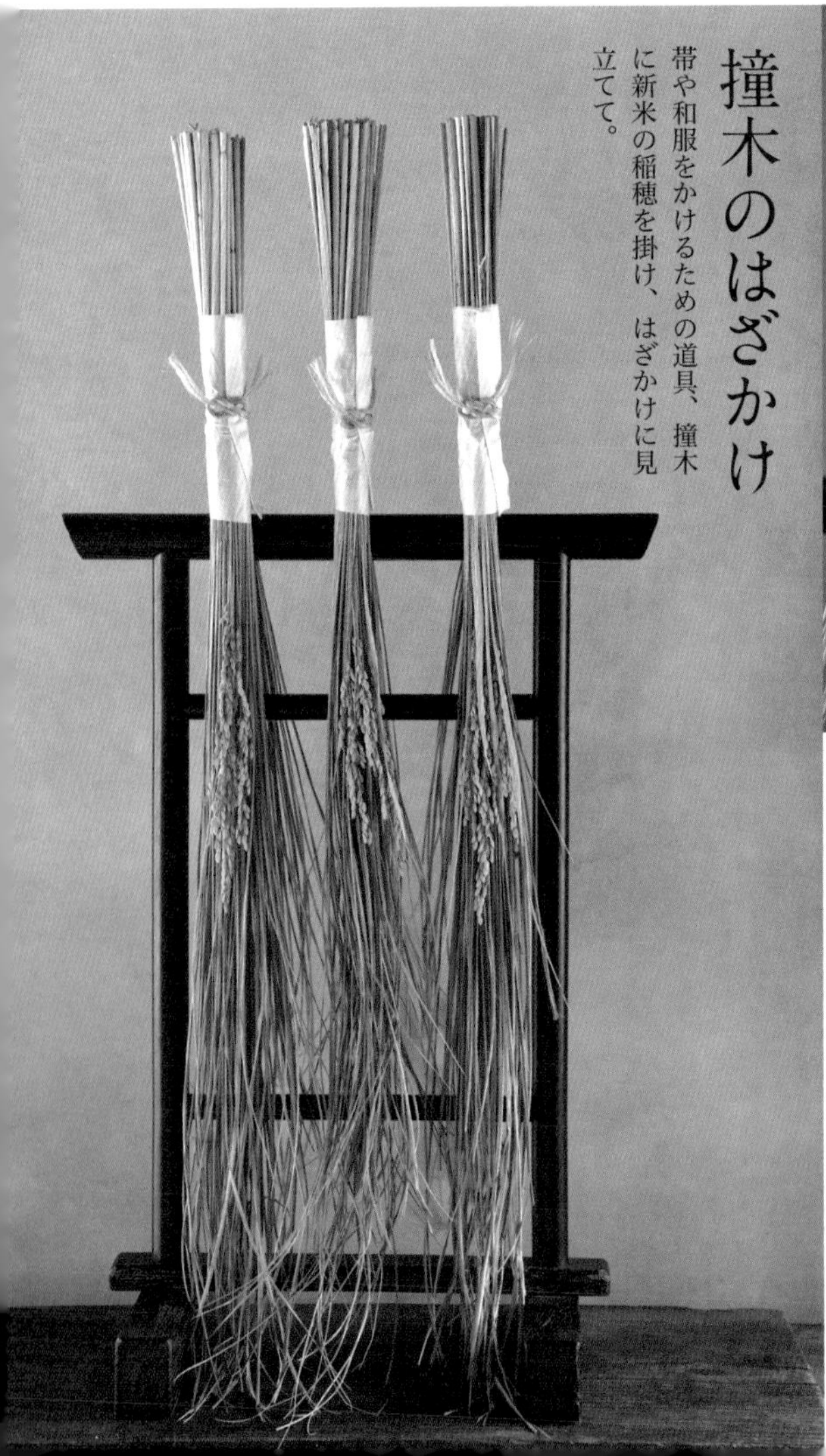

撞木のはざかけ

帯や和服をかけるための道具、撞木に新米の稲穂を掛け、はざかけに見立てて。

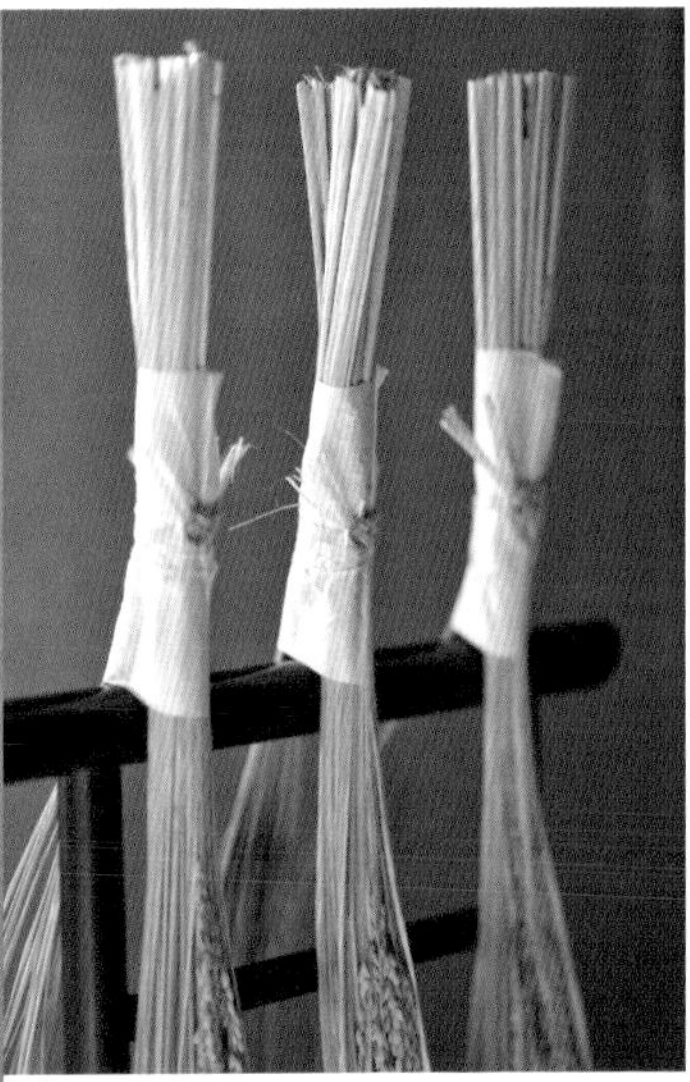

鮑《あわび》結《むす》び

中央に一つ、左右に並ぶ二つの輪。お祝い用や衣服の飾りなどに用いる。あわじ結びとも呼ぶ。神事、仏事をはじめ吉凶どちらにも使う結び。

豆《まめ》殻《がら》の収穫祝い

乾燥し、収穫を終えた大豆の豆殻の束を半紙と精麻で結び、奉書を敷いた三宝にのせ、南天の実を添えて。豆殻は翌年の節分の縁起物に用いる。

縁起物を包む

同じ音に通じることから「難を転じる」力があるという縁起ものの南天。朱色の実がたっぷり付いた大ぶりの枝を半紙に包んで。

里芋と稲穂

稲作以前は日本の主食だったといわれている古代の食、里芋の衣被（きぬかつぎ）をつくり、現代の主食、稲穂を合わせて、神具の白いかわらけに置く。

黒米白米

古代の米であった黒米、赤米。現代の白米と並べて、新田の時代の実りを象る。

青烏《からす》瓜《うり》

朱色に実る前の青烏瓜を、晩秋の照葉、照実とともに、桝に添える。

敷松葉のしたく

そろそろ訪れる寒さから、芝生や苔を慮り守る敷松葉を整え、力を宿すために。

酉《とり》の市《いち》

【十一月の酉の日】

酉の市は、鷲《おおとり》神社の祭礼で、元々は武道守護の神として、武士の信仰を集めていたものです。次第に商売繁盛、開運の神として庶民の人気となりました。幸運や福をかきこむ＝かきあつめる力のある熊手が売られ、おたふくの面や八つ頭、切り山椒、打ち出の小槌などの縁起物を売る店が並びます。熊手の買い手が決まるたびに、威勢のいい手締めの音が小気味よく響くのを聞くにつれ、元気をいただきます。昔から人気のあるのは手描きの熊手。一の酉、二の酉、三の酉がある年もありますが、毎年、早々と売り切れてしまいます。

熊手と縁起物

素材は紙、すべて手描きの浅草・鷲神社の酉の市「よし田」さんの熊手。めでたい縁起物が溢れ出すような熊手と縁起ものの大黒天を合わせて。

山の芋のかづら

美しく紅葉した山の芋の蔓を、輪にしてご縁をつなぎ結ぶ象に。

照《てる》葉《は》

照葉は、彩りよく紅葉した葉や草紅葉のこと。葉を広げ、温かな色をした照葉の温もりをいただく。

恵比寿さまと稲穂揚げ

福の神、農耕の神としての恵比寿さま。お供えものに、新米の稲穂素揚げを添えて。

恵《え》比《び》寿《す》講《こう》

【十月二十日、十一月二十日等】

恵比寿さまは、七福神の一柱。大黒天とともに福の神として馴染み深い神さまです。釣り竿を持ち、鯛を小脇に抱え福々しく親しみやすい笑顔。元々は漁にちなむ信仰で、海辺の町に小さな恵比寿さまが祀られているのに出合うことがあります。七福神の中で唯一、日本出身の神さまで、イザナミノミコト、イザナギノミコトの第三子であり、福の神、豊漁の神、商売の神、市の守護神、農業の神などなど、様々な役割を担っているのが特徴です。興味深いのは十月から十一月頃に日本中の神さまが話し合いを行うために出雲に集まる際には、各地の神さまが留守をする間、お留守番をして人々を守ってくださるという話。恵比寿講では、恵比寿さまを祀り、商売繁盛を祈るために知人や親族を招いて、宴を開く習わしがあります。

烏瓜の大黒天守り

熟した朱色の烏瓜の実の中にある、漆黒の種は、打ち出の小槌、大黒天に見立てた縁起物。財布や懐に入れてお守りに。

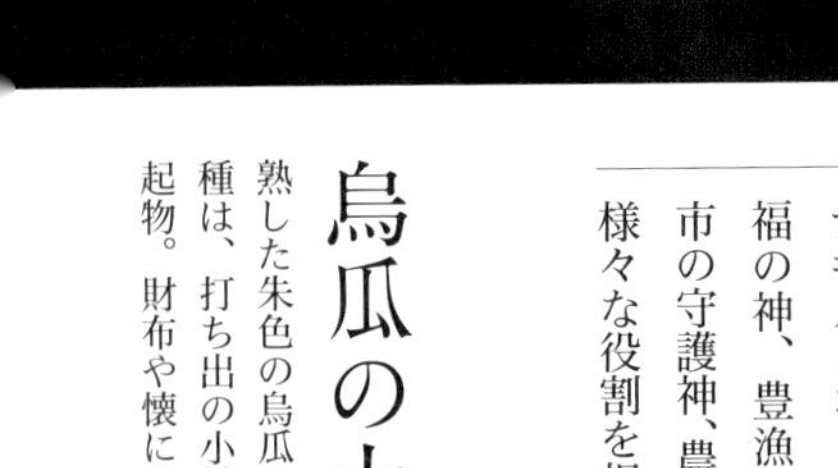

年祝い

年祝いは、決まった年齢になった際に、お祝いをする節目の日。六十歳の還暦や七十歳の古稀、七十七歳の喜寿、八十歳の傘寿、八十八歳の米寿などの長寿のお祝い、そして七五三や成人式、厄年なども年祝いです。最近は七五三のお祝いを前祝からするなど、豪華になり盛んですが、元々は七歳という年齢を目処にしたお祝いをする地域もありました。ある年齢になると親ではない親族と指定された山に登るなど、アメリカインディオの儀礼、ビジョンクエストを思い出させるような風習に出合うこともあります。このように、その土地により、あるいは子どもによって、祝う年齢や祝うための条件が違っていたことも少なくありませんでした。幼い頃には成長の個人差が大きいため、そうした配慮が自然にはたらいていたのではないかと思います。

神《か》楽《ぐら》鈴《すず》

神楽鈴を、実りの稲穂に見立てる。お神楽やおめでたい能の演目「三番叟(さんばそう)」などに用い、三番叟鈴とも呼ばれる。玉の石に立てかけ、長寿の印、松枝を添えて。重ねる年齢を寿ぐかたちに。

御下がり

御下がりの着物と帯に飾り結びを添えて。目上の人から衣服やものを分けてもらうこと、あるいは、神仏のお供物を下げたものをいただくことを御下がりと呼ぶ。年月を重ねたものに宿る力に感謝を込めて。

邪気払いの花

柊《ひいらぎ》

柊は節分の柊鰯の門守りに使う呪力のある植物。小さな花だが、部屋に入れれば家人が気づくほどの香り。節分の桝と合わせて。

苔と照葉《こけとてるは》

木から落ちた楓紅葉が苔に映えて。強風のために折れ、傍に落ちた常緑の松も添えて。

野菊《のぎく》

道端に咲く野菊と葉を、古竹に入れて。

祈りのかたち⑪

日本人の宗教観

特別な信仰を持っていますかと聞かれると、「持っていません」と答える人の割合が多いのが日本です。その一方で、文化庁による宗教年鑑などのデータによると、神道系、仏教系、キリスト教系、その他の信者の数を合計すると、約一億八千万人を越え、日本人の人口の二倍に及ばずとも、実際の人口よりかなり多くなってしまう、という興味深い数字が出てきます。

ちなみに結婚式を教会で挙げるという人の割合の多いこと、そしてキリスト教系の大学などの学校教育があることから、信者の数が多く見えるキリスト教系の信者は、1%程度にとどまっています。そして、信仰を持っていませんと答えた人も、きっと年末にはお寺で除夜の鐘をついたり、お正月には初詣に出かけて柏手を打ったり、葬儀の供養はお寺のお坊さんにお願いすることも多いでしょう。また結婚式はキリスト教や神道式で行い、厄年や七五三などのお参りは欠かさないという人が多数派で、一般常識として根付いているようなところがあります。こうした風習には儀礼や祈りが伴い、客観的に見れば明らかに宗教的な行いといえるでしょう。ところが、祈るという行為が生活の中に溶け込むかたちになっているために、それが信仰的な行いだということに自覚がなく、あくまでもただの生活の一部と捉えられてきたのです。元々、日本では長い年月の間、仏教や道教、儒教や神道など、様々な信仰が重なり合ってきました。この重層信仰（シンクレティズム）と呼ばれるかたちが精神的な背景にあるので、一人の人が複数の宗教をあまり区別なく受け入れ、しかも、宗教そのものには深い興味をおぼえず、入り混じっていても違和感を持たないという傾向があります。併せて、近代の宗教に対する圧力や、明治時代の神道を国教化しようとした政策や戦争など、ありとあらゆる事情が複雑に絡み合い、日本人が実際にはどのような宗教観を持ってきたのか、現代ではさらにわかりにくくなっています。そうした中にありながら、家の祭りである年中行事は、形を変えながらも今に息づいています。どんなふうに行っていくのか、古くからあるものを引き継ぐだけでなく、本来そうであったようにクリエイティブだった原点を思い出し、一人一人が考えて、行事を楽しむ時代がやってきたのだと思います。

行事としつらい 覚え書き 十一月

行事	酉の市　七五三　紅葉狩り　恵比寿講　ボジョレー・ヌーボー 文化の日　感謝祭　勤労感謝の日　炉開き
草花	榛《はん》の木　烏瓜　真弓の実　椿　円葉の木　柊　八手《やつで》　姫榊　木瓜《ぼけ》　茶
実りの供物	温州蜜柑　落花生　銀杏　大和芋　蕪　牛蒡　薩摩芋　里芋　長芋 馬鈴薯　なめこ　大豆　隠元豆
行事食	千歳飴　亥の子餅　お赤飯　けんちん汁
祭り	明治神宮祭　尻摘祭　神農祭　新嘗祭　伏見御火焚祭り 万聖節　諸霊祭　待降節
禅語	日々新又日新　松無古今色　楓葉経霜紅　風露新香隠逸花 一葉落知天下秋　菊花令人寿　円相　無心帰大道

短日
笹鳴き
冬木立
手焙り
枯れ蓮
懐手
根深汁《ねぶかじる》
薪能
湯豆腐
冬の月
熱燗
柚子湯
山眠る
歳の市
薬喰い
除夜

師走《しわす》
十二月

大雪
冬至

冬至《とうじ》【十二月二十一日頃】

冬至の日、太陽は日の出、日の入りの頃、最も南に位置し、北半球では一日の昼の長さは最短になります。影もぐんと伸びて長くなり、窓から差し込むお日さまの光は、部屋の奥へ、奥へと届くように。太陽の光がだんだんと弱まり、植物も枯れてくることから、農耕をする者にとって、不安な時節でありました。現代に生きる私たちも、弱まる光に冬のきざしを感じ、厳しい季節の到来に身構える時でもあります。ただ視点を変えると、冬至を起点に、昼の長さは復活するかのごとく長くなり、再びはじまりを迎える時でもあります。日本だけでなく世界中では、冬至を回復の日、再生の日、太陽の復活、あるいは誕生の日として、多くの祈りの行事、祝う風習があります。ものごとは、行き着くところまでいくと一転し、再びはじまる、再生するという理《ことわり》を学ぶ機会でもあります。

櫟《いちい》の拝み松

実付きのよいイチイの大枝を拝み松に。冬至と正月のしたくを兼ね、クリスマスツリーとも通じる意匠に。クリスマスは古くからあった冬至祭とキリストの誕生を習合させたもの。イチイはアイヌ語ではクネニ。

松《まつ》迎《むか》え

【十二月十三日頃】

年の暮れに、お正月のお飾り用の松や笹、竹などの素材を採りに行くことを松迎えといい、お正月さま迎えなどとも呼ばれます。現在の暦には、十二月十三日と書かれていることが多いのですが、これもやはり従来、その土地や地域、そして集落や家により、条件や季節や天候により日にちは異なっていました。

　昔は山に採りに行きましたが、資源を保護するためにある時代から自粛がなされ、一般的にはお店で求めるようになりました。現在も、町の通りの正月飾りに関しては許可を得た山から揃えるところもあるようです。山からいただく時は、御神酒を松の根に注ぎ、お米をお供えし柏手を打つなどする決まりごとも見られました。いただいた松を飾りつけに使うまで休ませるなどして丁寧に扱ったのは、山に宿る力とともにお迎えするという発想があったからです。

拝み松

大松を奉書で包み水引で結ぶ。拝み松は正月飾りの一つ。家の中や庭に立てるなどして依代に。古い資料に見る、拝み松には餅花や短冊がつけられ、クリスマスツリーを思わせる。

柚子蜜漬け

たっぷりの蜂蜜に、冬至にちなむ柚子をざっくりと切り、漬け込む。冬の乾燥などで痛みやすい喉の薬に。

冬至粥

冬至の食の一つ、小豆粥。小豆は邪気を払う力のある赤色に米を染める。赤に呪力があると考えたのは、古代のお米が赤米、黒米などで、古くからの形には力があると考えられたことから。

大《だい》師《し》講《こう》

【旧暦十一月二十三日頃】

お大師さまは季節の節目にやってくる来訪神の一つ。旧暦の十一月二十三日の夜になると、家々を訪れるといわれています。小豆粥やお団子をお供えしますが、長い箸を使って団子を刺して食べるなどの伝承があることから、長箸を小豆団子などに添えてお供物にする習わしがあります。現在は弘法大師のこととして祀ったり、聖徳太子や元三大師を祀ります。

十一月二十三日には新嘗祭《にいなめさい》があり、各地では農耕にちなむものや、収穫を祝う祭りが多く見られることから、その習俗と、外来の宗教である仏教の僧で人気の弘法大師（空海）への信仰が結びついたものとする説などがあります。

萩の箸と果報団子

萩の木片を果報として入れた小豆団子は縁起もの。萩の枝の箸を添え、お大師さまのお供えにするのは古い習わし。萩の入った団子が当たれば翌朝にはお金に変えられている楽しみが。

金《きん》柑《かん》生《しょう》姜《が》茶

金柑を蜂蜜に漬け込み、その蜜をお湯で割り生姜をすりおろした汁をたらす。

百合根

長い年月土の中で眠り、力を蓄えた百合根をいただく。茹で上げたあと、花を象って包丁を入れ、華やかなかたちに。

栗《くり》善《ぜん》哉《ざい》

小豆の善哉に栗を入れて。豊かな実りの象徴でもある栗は、稲作が伝わってくる前の縄文時代には、主食の一つとして大切な役割を果たした。実りの季節に感謝を込めて。

年《とし》取《と》り

【十二月三十一日】

年取りは、過ぎゆく年とやってくる年の境目を越えること。大晦日の夜、あるいは節分の夜がその境目とされていました。現在は深夜0時を境に、除夜の鐘打ちやカウントダウンなどが行われていますが、昔は一日の境目が、太陽の沈む日暮れでしたから深夜ではなく、夕暮れに行う時代がありました。三十一日の夕方からおせちをいただく家があるのは、その名残である可能性があります。親族や家族で年取りを迎えるために、お風呂に入り身支度をして、お正月飾りや御神酒、餅、魚、野菜などをお供えし、親族や家族で集まります。夜は眠らずに過ごしたり、神社などで年ごもりをしましたが、現在は二年詣として、年を越す前からお参りしたり、元日の未明に参詣するようになりました。神社やお寺で火を焚いているのは、暮らしに大事な火が絶えることがありませんようにと願った証です。誕生日ではなく、この日、新年を迎えるとともにみな一緒に年を取る、それが年取りでした。

道具の年取り

新しい年と古い年の境目を無事に越えていくためにする年取りを、人間だけでなく、生活の道具や大切にしているものに対しても行う。餅としめ縄をあしらったお供えを添え、日々の働きを労い、感謝を込めて。

餅飾り

桝を重ね、ますます栄えますように、ますます縁起がよいことが起きますようにと願いを込めて。大切な暮らしの道具である桝に、労いと感謝を込めて。

生活の中で愛用している台所道具、文具、茶道具などのための正月飾りのしたく。丸餅を拵え、縁起や彩のよい照葉、紙垂、松葉、南天の実などを添え、しめ縄を餅に通しておく。

◆餅のこと

餅の文化は、稲作とともに東南アジアから伝わったものです。日本をはじめ、中国、朝鮮半島などで、お祝いや行事の食として頻繁に登場します。現在、日本では、餅といえばお雑煮や鏡餅など、お正月にもっとも多く用いられますが、従来は、祭り、各節供、誕生のお祝い、婚礼の儀式、家の新築ほか、多くの祝儀に用いられ、弔辞の際にも登場します。大事な主食であるお米をぎゅっと凝縮してつくる餅は、霊的な力のこもる食べ物。古くは一緒に餅つきをして、つながりを深める意味合いもありました。家族の人数分、小さな丸餅を拵え、神棚、年棚にあげておいて、それをいただくことで皆めでたく、年齢を重ねます。粟《あわ》、稗《ひえ》、きび、栃《とち》の実を用いた餅もつくられました。

正月事始め

事始めは、十二月十三日などから正月の用意をはじめること。山や野から正月飾りのための松などを採り、整えておく。

送り干支

たっぷりの手すきの檀紙を折り畳み、今年の干支をのせて松を添える。新しい年に向かう気持ちと合わせて、過ぎゆく年を振り返り、感謝を込めてお見送りを。

みたまの飯

握り飯に笹の茎を差し、常緑の枝を中心に据えて。古い形の正月の供物をモチーフに。「みたま」は正月に帰ってくるご先祖さま、祖霊などの呼び名。古くからの祈りと今を重ね合わせて。

椿《つばき》

たくさんの種類を誇る椿の花がそろそろ盛りに。茶碗にすっと入れるだけでも景色に。

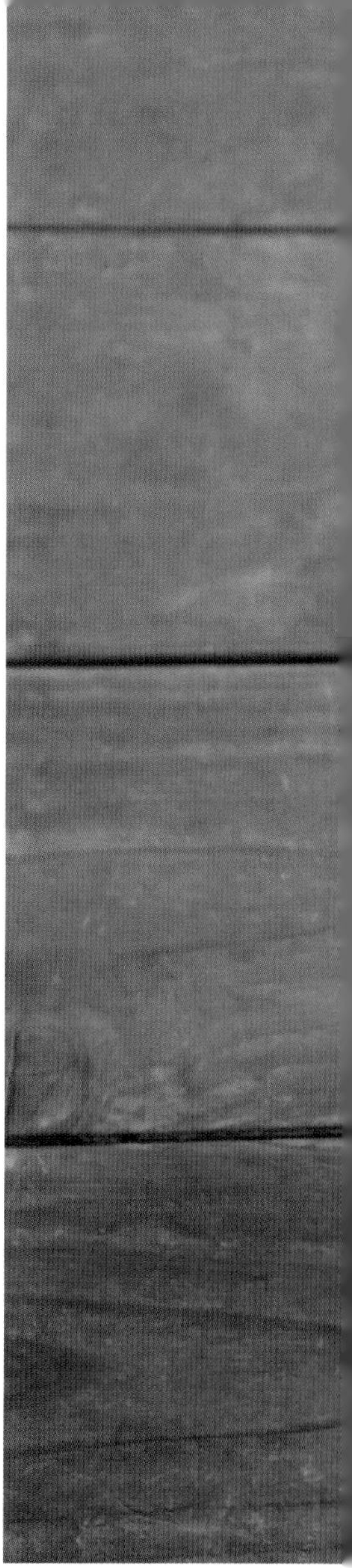

南天萩《なんてんはぎ》

毎年家のそばで、藤色の小花を次々につける萩。山肌に沿うようにして咲く姿を写し、器に入れて。

水仙《すいせん》

空に向かい伸びていくその頂は、冬が深まるにつれ、次第に高くなり、正月を迎える。

祈りのかたち⑫ 藁の文化

身近なところに田んぼのあった時代を振り返ってみると、数えきれない多くの恵みがありました。風にたなびく青々とした稲や、水に映る潤いに満ちた景色、群れ飛ぶトンボや、蛙の夜の合唱など、何気なく通り過ぎていた景色はいつも季節の移ろいとともにあり、それは今も、ありありと心の中に広がっています。田んぼはお米という豊かな主食をもたらすと同時に、生活に必要な道具や、信仰にまつわる道具なども生み出していきました。日々の暮らしの中では、縄や草履、笠、包み、籠などあげればきりがないほどたくさんあります。ここでは信仰にちなむ藁《わら》について触れていきたいと思います。

藁を使った祈りのかたちといえばしめ縄です。日常の縄が右綯いという形であるのに対し、正月などのしめ縄は特別な日であるしるしとして、左綯いにするのが一般的です。ただ、その土地や家により右綯いにすることもありますから、絶対の決まりごとだといえないのがまた面白いところです。お正月に使う素材は、薪にしろ松にしろ、何かしらの儀式をして特別に扱うものでした。藁も収穫したあとの藁を使うのではなく、分けておいたものを使うというところがありました。また、しめ縄を作る前には、使う藁には火打ち石で切り火をかけるなどの厄除けをして、縁起担ぎをしたり、たとえば私の住む町では海岸に出て潮水に浸けて、清めてから使う習わしがありました。正月のしたくをするまでの間も、藁を大切に扱うことで呪力は高まると考えられていたのです。役割を終えたあとも、どんと焼きなどでお焚き上げをして丁寧に扱います。自分でつくってみるとわかることですが、最後にお見送りするところまで気持ちが通っていたのです。

藁を使う信仰のかたちは、他にも藁の舟、宝船、道祖神、綱引き、御養《おやす》や桟俵《さんだわら》、藁鉄砲など、様々な行事の象徴を生み出していきました。食を豊かにするだけでなく、民族の信仰や文化を担ってきたのが藁です。時折手に取り、やわらかさや香りに触れて、その息吹の名残を確かめていきたいと思います。

行事としつらい
覚え書き 十二月

行事	成道会　煤払い　歳の市　羽子板市　歳暮　冬至 クリスマス　餅搗き　年忘れ　松迎え　事始め 大晦日　年越し　除夜の鐘
草花	石蕗《つわぶき》　蝋梅《ろうばい》　蟻通《ありどおし》　水仙　枇杷　寒菊　ツルウメモドキ　千両　万両
実りの供物	金柑　胡桃　柚子　人参　慈姑《くわい》　白菜　水菜　法蓮草　牛蒡　百合根　葱
行事食	小豆粥　冬至南瓜　年越し蕎麦　御事汁　大根焚き　年取り魚
祭り	大神宮札配　笑講　秩父夜祭　鳴滝の大根焚　宗像祭　春日若宮おん祭 松例祭　厳島鎮座祭　諸手船神事　遠山の霜月祭
禅語	放下著　修竹共清寒　無事是貴人　今日亦無事　山中無暦日 歳月不待人　無事日月長　三冬枯木花　光陰如矢　見明星悟道

あとがき

一年を通じて行う季節のしつらい教室では、
季節の流れを感じ、
行事の土台になっている発想や宗教観などについて、
辿る時間を持ちながら、
古きをふまえつつも、
今を生きる自分らしい、
ものがたりのあるしつらいを試みていきます。
時節のものに時々、触れて、
しつらいを楽しむ習慣を持つようになると
自分の感性に出会い、
手は自然と動くようになります。
また、現代における季節や人生の行事は、
自然や季節、そして長い年月、
折り重なるように過ぎた時代と
私たちをつなぐ架け橋の一つです。
自らの道標に、日々に向き合うために。
季節を慈しみ、しつらいを楽しむ暮らしを
皆さんとご一緒することができたら、
これ以上嬉しいことはありません。

最後になりましたが、この本を書くためのご縁をつむいでくださった方々に心より御礼申し上げます。世界文化社の川崎さんの、大らかな海のようでありながら、ここぞとい

うときに、強く深く響く感性。ブックデザイナーの椎名さんの、多様なものを生かしながら、すべてを包むような調和をもたらすデザイン。しつらいや季節の見えないものを捉え、煌めきを受けとめるように映す、写真家の広田氏。様々な智恵とお力、感性をもたらしてくださったみなさん、そしてこの本をお手にとってくださった方々、ご縁をいただいたすべての人に感謝申し上げます。今日も皆様にとってよい日でありますように。

二〇二〇年　晩秋　広田千悦子

【参考文献】

『新歳時記』高浜虚子編　三省堂
『季寄せ』山本健吉編　文藝春秋
『釈迦信仰の世界』田中純男　ノンブル社
『四季折おり 茶の湯ごよみ』炉の季節 風炉の季節　千宗室　監修　淡交社
『軒端の民俗学』野本寛一　白水社
『年中行事図説』柳田國男監修　岩崎書店
『金枝篇』フレイザー　岩波文庫
『ものと人間の文化史　藁』宮崎清　法政大学出版局
『荊楚歳時記』宗懍　東洋文庫
『神仏習合』　義江彰夫著　岩波新書
『道教と日本文化』福永光司　人文書院
『日本宗教史』末木文美士　岩波新書
『プレステップ宗教学』石井研士　弘文堂
『プレステップ神道学』阪本是丸　石井研士編　弘文堂
『日本仏教史』末木文美士　新潮文庫
『万葉集 訳文編』佐竹昭広、木下正俊、小島憲之 共著　塙書房
『盆行事と葬送墓制』関沢まゆみ編　吉川弘文館
『現代日本の宗教社会学』井上順孝　世界思想社

著者

広田千悦子（ひろたちえこ）

日本の行事・歳時記研究家

古きをふまえつつ「ものがたりのあるしつらい」をお題に、寺社や百貨店、呉服店などとのコラボレーション、季節や行事にちなむしつらいのデモンストレーションや講演、季節の会を企画開催。葉山文化園と共催の北鎌倉円覚寺龍隠庵での「十三夜の月待ちの会」などで好評を博す。東京新聞に「くらし歳時記」を執筆、連載は2020年で14年目を迎えた。神奈川新聞にて「季めく暮らし」、スタイルアサヒにて「季の記」、第一園芸ウェブサイトにて「花月暦」、東急沿線フリーマガジン『SALUSE』にて「暦と暮らす十二ヶ月」、月刊誌『清流』にて「季節のしつらい 祈りのかたち」を連載、ほか「YANASE LIFE plaisir」など企業誌にも寄稿している。著書はロングセラーの『おうちで楽しむにほんの行事』（技術評論社）など多数。横須賀市秋谷に築80年の日本家屋スタジオを構え、「季節のしつらい教室」を主宰、世代を超えた参加者が集う。世界中どこにいても参加可能なオンライン教室を開催予定。日本の季節の楽しみ、行事の美しさを伝える映像をYouTubeにて配信中。

広田千悦子オフィシャルサイト　hirotachieko.com

写真　広田行正

装丁・本文デザイン　椎名麻美

DTP協力　株式会社 明昌堂

校正　株式会社 円水社

編集　川崎阿久里（世界文化社）

にほんの行事と四季のしつらい

2020年12月10日　初版第1刷発行

著者　広田千悦子

発行者　秋山和輝

発行　株式会社世界文化社
〒102-8187
東京都千代田区九段北4-2-29
電話　編集部03（3262）5118
　　　販売部03（3262）5115

印刷・製本　株式会社リーブルテック

ISBN978-4-418-20219-5